Uncle Visit

姨丈來訪

Wu Jui Pao

吳睿保

In Taiwan

作者簡介

吳睿保

（筆名：吳明博、穀禾田、穀莊稼、穀恬憫）

　　我們人的生命是很奇妙的，有些事情不是您想的就可以，往往有些時候，我們會感到彷徨無助，有些時候呢！又會有些許的得意，就在彷徨與得意的同時，我們可能會看到什麼，那是生命的過程，一個階段，一個階段，每個階段都會有不同的體悟，這就是人生。

　　作者童年的時候，心中老是有些想法，而這些想法會一刹那，一刹那的閃過，很難捉取，那時候我就想，如果可以把它寫下來多好，直到少年、青年，步入中年，到快要老年的時候，那些想寫的影像，像排山倒海一樣地浮現，而我只是提筆記錄而已，就這樣，一系列，一系列《法拍屋風暴》、《屏東的小湯姆》、《共生農業》、《歡喜法音流》等，竟然就創作出來了，希望您們喜歡。

　　另外，穀莊稼的共生農業森林農園，有十幾年的耕作經驗，可以輔導您種出好菜，只要您家有空地，或頂樓有全日照的地方，想自己種菜來吃，穀莊稼先生可以幫您規畫，種出好菜來讓您食用。

　　若對共生農業森林耕種有興趣者，請上電子書店，閱讀《共生農業森林種植》免費圖文書。

　　有意者，請寄電子郵件：869548@gmail.com　與穀莊稼先生洽談

　　穀禾田半農作家工作室的書系，有：

　　《屏東的小湯姆》親子讀本七套，三十冊

《共生農業開講》、《歡喜法音流》陸續書寫中
《法拍屋風暴》醒世小說六本，曾出版過紙本書。

序

2013 年 6 月至 8 月期間於本校辦理之「農企經營及精緻農業班」講授有機農業相關課程時認識穀禾田先生，瞭解穀先生極為重視現今農業大量施用農藥等化學藥劑對環境、生態及健康安全造成負面效果的影響，因而他自己開墾管理一個自然生態農場，產品優質安全，可謂利己利人。

穀先生也擅長於寫作，其大作「屏東的小湯姆」，內容豐富、筆法率直生動，讓人回憶兒時農家生活的點點滴滴，值得閱讀。經穀先生之邀請，時值該書付梓特為之序。

王鐘和

於中華民國 102 年 8 月 30 日
國立屏東科技大學
農園生產系教授兼系主任
台灣有機農業促進協會副理事長

姨丈來訪

屏東的小湯姆六

目次

姨丈來訪　007

清子婆婆　035

一百塊錢　067

初生之犢　088

姨丈來訪

表堂哥

「湯姆！湯姆！」

「嗨！春菊！春花！春蘭姊姊！您們什麼時候來
的吔？姨丈也帶著文慈一起來呢！」

快跑回家。

「媽媽！媽媽！高雄的姨丈帶表姊她們來了。」

媽媽站起來，高興得在腰褲上擦擦手中的水珠，抬

姨丈來訪

頭歡迎著姨丈他們的到來。

湯姆最高興家中有來客，只要家中有遠方的親戚來拜訪，爸媽當天會宰殺雞鴨鵝來請客。

最重要的是這幾天不用下田工作，可以盡情陪這些表姊、表弟、阿姨、姨丈在家裡談天。

姨丈他們家以前住在九曲堂，在火車站附近，湯姆和爸爸去過。

姨丈他們家也種了好多好多的香瓜、美濃瓜。那種瓜果湯姆他們家不曾種過，覺得很新鮮。

站在香瓜田裡，隨便摘幾粒來吃，都很過癮。

香瓜的種植，和瓠仔、絲瓜一樣，瓜藤爬滿整片田，瓜藤間結滿香瓜粒，整片田開滿了香瓜的花朵，可惜這種花不知道能不能吃，不像絲瓜的花朵，可以沾麵糊油炸，吃起來很不一樣呢！嫩芽可以摘下來當龍鬚菜炒薑絲來吃。

姨丈他們家的小孩不喜歡務農，要把田賣掉，搬到高雄市去當都市人。

阿姨生了好幾位女孩，春菊、春花、春蘭、春霞、春蕊、春嬌和男孩文秀、文慈。

文秀表哥很會念書，以前在大學當教授，被政府機關借調去當官，曾做到什麼關稅司長或國貿處長的。

湯姆對表哥比較沒有印象，倒是媽媽常常誇獎他，好像那就是他兒子一樣。

　　湯姆每次聽媽媽誇獎別人，都會生起一股莫名其妙的酸勁，好像只有二伯母生的小七堂哥，或是舅舅那邊的大兒子生養著一位會念書的外甥叫進貴。

　　文秀、小七堂哥、進貴是媽媽口中常常念念不忘，時常在湯姆身邊提起的人。

　　湯姆想到這些人都那麼會念書，偏偏自己對書本無緣。

　　湯姆知道媽媽的用意，常提起這幾位表堂哥，是想鼓勵湯姆努力上進，可以像小七堂哥一樣，讀好書，考上警官學校，將來做大官，就不用這麼辛苦地蹲在大太陽底下拔草種田了。

　　湯姆也知道這幾位表堂哥很厲害，只是想到他們這麼有才能，和自己比較起來，湯姆就像草包一樣，只像個稻草人，立在稻田中，戴個破斗笠，穿一件破衣服，直直地立在稻田中，張開雙手，虛張聲勢地嚇唬麻雀而已。

　　媽媽再怎麼用心鼓勵，湯姆也沒辦法達到這些堂表哥的成就，有時候湯姆聽媽媽又說起小七堂哥如何，如何的好，表哥如何如何的有福氣，湯姆真有點受不了，生氣地對媽媽說：「他們那麼好，你自己不會生一個。老是講他們多好，多好，講一堆，湯姆還是湯姆呀！」

　　媽媽很識趣，轉移話題或不回答，默默地做她的事。

姨丈來訪

　　湯姆知道大聲說話，傷到媽媽的心，故意問媽媽：「文秀表哥不是娶到一位旗山的香蕉大戶人家的女兒嗎？」

　　媽媽又如數家珍的，一面工作，一面把她那位外甥的豐功偉業，一一細訴一番。

　　文秀是被他老婆倒著追到的呢！

　　人家是男孩追女孩，你表哥在高中大學裡讀書，就有一堆女孩子追著他跑，他老婆就是旗山大地主人家的女兒，嫁給你表哥，要不是他那麼會念書，怎麼有可能娶到這樣富貴人家的女兒。

　　湯姆搔搔頭，一副不以為然的表情，不讓媽媽看到，免得又傷媽媽的心。

　　湯姆才不要什麼有錢人家的女兒，或讀書讀到什麼大學博士的，湯姆心目中只有艾莉絲。只要想到艾莉絲，心中就覺得很幸福，這種感覺最近越來越強烈，只是不敢讓人家知道而已，連最親愛的媽媽也不敢讓她知道。

　　湯姆也曾幻想過，如果他像小七堂哥那麼會念書，是不是艾莉絲也會對湯姆產生好感。

　　看小七堂哥穿著高中校服，戴一頂學生帽，放學的時候，坐客運車回到村子裡，和他的女朋友走在大圳的橋上對話的那一副情景，真令人羨慕呢！

　　女孩子羞答答的，兩手貼著書包，頭低低的，一面走，一面和小七堂哥對話，全身縮著，好似沒處躲藏，深怕被人看到似的。殊不知他們倆走在大街上，眾目睽睽，任誰也都看得很清楚。

　　這是一對青春佳偶，正情竇初開，深情款款，彼此傾慕，小倆口正談著戀愛，誰看了也都會投以祝福羨慕的眼神。

　　畢竟男才女貌，看到青春秀氣的少女，喜孜孜地散發著青澀春意，好似含苞待放的花蕊，那種嬌稚的情愫，怎不叫人疼惜呢！

　　小七堂哥正值青春瀟灑，英俊得如文雅儒生一般，難怪媽媽這麼喜歡他，讓湯姆有點忌妒，又有點敬慕。

　　以前聽說二伯母生了七位男孩，一位女兒。

　　媽媽生了兩位大哥哥及一位姊姊，均早夭折，留下三位姊姊，一位哥哥。那時候湯姆還沒出生，要把三姊和小七堂哥跟二伯母家對換。

　　如果當時是真有這回事的話，那媽媽就不會生出小湯姆了，也說不定。

　　因為鄉下人或是中國人吧！多不喜歡家裡單傳一子，所謂孤子，就是家裡只生一位男孩，所以九曲堂的阿姨和媽媽才會努力地生一大堆女兒，硬是要生兩位男孩子才滿了心願。

　　湯姆常常很疑惑，問媽媽：「您怎麼那麼老了，還

姨丈來訪

有辦法生我？」

　　媽媽常常被湯姆這突如其來的問話，弄得有點二愣子，二愣子，然後罵一聲，「猴路澎！（像猴子一樣在路上、樹上蹦蹦跳跳的）」不知道怎麼回答，又瞇起她那小的很可愛的鳳眼細眉，如數家珍的訴說她那娘家的過往雲煙。

　　媽媽說九曲堂的阿姨是她的表妹，不是親生姊妹。

待嫁心

　　阿姨要嫁人的時候，一直哭著說將來嫁人，家中沒有姊妹可以互相往來，怕會很孤單。

　　媽媽向阿姨保證，她一定會去找她相認。

　　所謂親不親故鄉親，親疏日離，即使是親如兄弟姊妹，只要日久疏離的話，也會像陌生人一樣的。

　　正是日疏日離，非親亦非故。

姨丈來訪

　　阿姨大概有這種感覺，對親情的依賴是這般殷切地期待，又恐懼女子嫁為人婦的那種脫離親生娘家的依靠，內心裡產生空虛無奈，似有一種男子無妻室，財沒主，婦女無夫身落空。即使現在有夫身不落空，但畢竟是女孩人家，還是需要依靠娘家來當後援，比較有精神的支撐，也許這就是阿姨當初年輕時，內心的焦慮。

　　媽媽很夠情份，一口篤定的答應，會常常去看她，像自家姊妹一樣地互相往來。

　　如今阿姨的子女成群，各有成就，尤其生養這一大票的女兒，個個嬌麗靈敏、聰慧。那春霞、春蕊、春嬌長得婷婷玉立，體態豐腴。究竟是住在大都市裡長大的女孩，那氣質和湯姆家的姊姊自然不同。

　　湯姆看到這群都市的表姊，才知道什麼叫做溫室裡的花朵，看這幾位表姊個個機伶大方，儀態端淑優雅，連講話、舉止均是落落大方，宛如鄰家女孩一樣，那般親切自然。

　　這幾位表姊看到湯姆會很大方的，一把摟著湯姆抱在懷裡，又抱又親又吻的，害湯姆被這突如其來的親切甜蜜動作，弄得有點無所適從。

　　湯姆也有幾位親姊姊，但對湯姆從來沒有過這種親蜜的擁抱，也從來沒有過被姊姊拉著手，又抱又親的，這對湯姆來講是滿震撼的，而且又興奮又驚奇，那種神經細胞快樂的，又縮又呼又跳，真的很刺激。

被表姊們捉過去，投到她們的懷抱中，湯姆感受到的是另一種溫暖，另外一種親情所流露出來的溫馨，而這種溫暖快慰的感受，在媽媽或家中的哥哥姊姊身上是無法感覺到的。

奇怪！為什麼九曲堂的表姊就有這份魔力，而鳳山、旗津的表姊和姊姊她們卻沒有這種感覺。

春霞、春蕊長得豐腴豐腴的，湯姆投到她們的懷抱裡，碰到她們那肥嫩嫩的皮膚及身體肉肉的，很柔軟，很柔軟。

湯姆不曾碰過成熟女孩子的身體，不曾感受到女孩子的身體，是這麼樣的柔軟溫馨，這麼樣的細嫩，會使人不禁想起人家常說的話，宛如躺在溫柔鄉裡，會不會是形容躺在一位如花似玉、千嬌百媚，風姿卓越的老婆懷抱，就是這種感覺呢？

湯姆很疑惑，年紀這麼小，卻會想到這麼多，但是這種感覺真的很舒服，很溫暖，又很溫馨，又快樂，那種會使人飄飄然，陶醉在當中。

湯姆心中只是想著這種幸福。

湯姆很驕傲有這樣的表姊，湯姆才不會像狄隆一樣很豬哥，在偷摸他姊姊呢！

湯姆陶醉在這種想法當中，想到萬一讓別人誤會對表姊的感情是出發於一種胡思亂想，那可不太好。

姨丈來訪

　　湯姆的情操是高貴的，有尊嚴的，有感性的，對表姊們的這種感情，只能偷偷地像艾莉絲一樣，深埋在內心深處，讓這種溫暖的感受默默地潛伏在心中。

　　湯姆懂得珍惜這種被疼愛的感情，他知道這些表姊是疼愛他，就像媽媽無怨無悔的，一再包容湯姆所犯的過錯一樣。

　　無論爸爸、哥哥、姊姊們怎麼樣責備湯姆，媽媽還是那樣地疼惜他。

　　今天表姊們一個個很陽光的，開朗燦爛，穿著漂亮整潔的衣服，來湯姆他們家。

　　前面老大春菊，老二春花，老三春蘭，臉上戴著遮陽的墨鏡，老四春霞，老五春蕊，老六春嬌，臉上戴著有學問的近視眼鏡，文慈和姨丈、阿姨跟在後面。

　　文慈和湯姆年紀一樣大，也是不會讀書，上面的姊姊每位都是品學兼優，個個念到大學專科，有的當護士，有的當老師，文秀表哥更不用說了，當大學教授吧！只是文秀表哥不曾造訪湯姆他們家。

　　每次看到表姊她們高高興興的，陽陽光光的來湯姆家做客，被屏東的豔陽曬得嬌容盡失，那種心情卻有點不捨，又有一點憐惜，正所謂憐香惜玉，可能是這樣形容的。

　　站在屋外，被大太陽曬得個個猛擦汗水，身上嬌柔嬌妮的媚姿，有點招架不住。無福消受這種鄉村野地裡的豔陽高照，畢竟她們在都市裡，很少直接曬到太陽，姨丈、阿姨也捨不得這群嬌貴的女兒受苦。

把每一位教養得個個都是大家閨秀，哪像湯姆家的姊姊，個個頭戴斗笠，身穿粗布，素面素身，一身村姑的模樣，一看就知道，賢淑與愚俗的差別。

人家說一日不讀書，面目可憎，更何況湯姆村裡的女孩，大多數沒受過多少教育，村姑愚婦滿街都是。

湯姆真心期待將來長大，也要像表姊她們一樣，生長得有氣質，受人尊敬與喜愛，至少也要像媽媽一樣慈祥又溫和，絕對不學那些村夫愚漢魯莽粗俗，把無知愚昧當有趣，愚蠢一般地嬉笑怒罵，當成一種生活態度。

湯姆想到這裡，就覺得自己很幸福，有這些表姊，還有媽媽這麼疼他，這表示湯姆還是很可愛的，有人疼。

雖然湯姆不是很聰明，不是屬於會讀書的那種小孩，但是湯姆知道他還有比別人聰明的地方，至少養六畜、餵鳥、下田、游泳、煮飯燒菜、燒開水，煎一盤黃金色的大煎蛋、菜脯煎蛋、九層塔煎蛋、蛋炒飯加醬油，又香又可口，好吃得很呢！他樣樣會，只差不會念書而已。

但沒關係，湯姆他的內心深處仍充滿了善良、單純、溫和，不敢和做壞事的壞小孩在一起胡搞胡鬧，因為湯姆一直都很純真，不想做壞小孩。

姨丈來訪

胖臉腮

　　湯姆看著春霞表姊臉上堆滿了笑容，喜孜孜的，一把捉住湯姆，然後很迅速地把湯姆翻轉身子，面對著她。

　　湯姆一副傻不隆咚，愣愣地站著，隨著表姊的動作，被兩隻肥嫩溫暖的手掌，拍拍湯姆的胖臉腮，然後用手捏捏兩邊胖皮胖皮的腮。

　　湯姆被春霞表姊捏得內心既興奮又緊張，目不轉睛

姨丈來訪

看著表姊身上穿的白色上衣，領子綁一條紅色絲巾，好像男生打的領帶一般。

頭髮很整齊，短短的前額瀏海，把一撮頭髮夾到耳後，上面別一個女生用的朱紅色蝴蝶結的髮夾，很可愛。長長的深色裙子，一身黑白色的搭配，看起來清新脫俗，尤其是她那陽光般燦爛的笑容，和親切可愛的動作，一下子抱著湯姆，前前後後繞著打轉，好像湯姆在把玩他養的兔子一樣，又揉又捏又抱的。

高興起來，又在湯姆胖胖的臉腮上，親一個深吻，湯姆被轉得簡直快失去了魂魄了。

春霞表姊長得實在太豐腴了，又熱情又親切，抱夠了，又一把被春蕊表姊接過去，同樣地又捏又抱又親的，幾次的翻轉，然後說：「湯姆！你怎麼都沒長大，還是這麼瘦小，長不大，還好臉胖皮胖皮的，很可愛，要多吃一些哦！」

湯姆點點頭。

春蕊表姊一副很疼惜的，一把抱住湯姆，往她身上靠過去。

湯姆緊貼著春蕊表姊，感受到她渾身所散發出來的熱情，貼在她的胸前，聞到她身上有一股體香，她的肌膚是那麼樣的柔軟，那麼樣的滑嫩，湯姆被抱得情不自禁的，又回抱她們。

他那小小的手臂環抱在表姊豐腴的臀部，好像觸電一般，手掌會盜汗發熱，心臟的血液跳得很快很快，全身的血液像長江黃河一樣奔騰，臉脹得紅紅熱熱的，心臟快承受不住了，一直跳，一直跳個不停，好像就快要爆開來一樣。

表姊這突如其來的擁抱，親吻，把湯姆搞混了。

湯姆感覺到天地在他頭上旋轉，眼花撩亂，冒著星星一般地陶醉當中。

春蕊和春霞表姊長得有點像，都是屬於超熱情大方，開朗型的陽光女孩。

春霞表姊的笑聲深沈清脆，結實有力，聽到她的聲音就可以感受到，她對待人是那麼樣地自然親切，態度誠懇不做作。

她的熱力會感染到身邊，周圍的人的情緒會像她一樣熱情洋溢，接受每一天每一時每一刻，日子都是那麼新鮮快活，天真浪漫，沒有憂愁，沒有煩惱，像一股春風一樣吹拂，使人感到溫暖清涼。

春嬌表姊頭髮長長的，梳得很整齊，一把綁到後面，露出甜甜腼腆的臉蛋，眼睛大大的，她比較苗條，但穿起仿如女學生服裝的模樣，也是那麼的吸引人，會使人不禁想多看她一眼，覺得這女孩怎麼長得這麼甜美。

她的動作輕柔柔的，講話的聲調慢慢的，一句一句

姨丈來訪

很清楚，字句不夾帶一點點雜音，聲音像深山裡幽靜的澗水，潺潺流水聲，婉轉清脆悅耳，沁人心脾，涓涓滴滴地流淌，使人聽了會很嚮往，願意跟隨著她到任何地方，這是對她信任最好的表現。

只要她開口願意跟你交朋友，你會感到很光彩，很榮幸。

眼前這位可人兒是我的朋友，我要把她介紹給天下所有喜愛和平的人，使人人都有如她那一般清純，甜美得可以洗滌人心，使人感受到處處是那麼的沁涼，那麼的馨香，那麼的和善，那麼的美好，這是大多數人對春嬌表姊有過的誇獎和讚賞。

春菊、春花、春蘭表姊早就嫁做人婦，生完了貝比，體態有些發胖，但仍不失阿姨她們家子女那般優秀的氣質。

她們家的子女佔盡便宜，好的，美的，都被她們分去了。

不曉得哪一輩子做了許多功德，生養了這一家子女兒國，個個都生長得那麼俏麗、豔美，氣質又不俗。

與人相處是那麼樣地自然大方，不會因為美麗而驕氣，不會因為豔麗而嬌寵，正所謂麗而不豔，驕而不寵。

大公雞

　　湯姆仍然投到春嬌表姊的身上，她對湯姆說：「很久沒看到你了，怎麼都不來高雄找阿姨和表姊啊？」

　　湯姆撒撒嬌，靠在她胸前。

　　春嬌表姊疼惜著，摸摸湯姆的頭，又捏捏湯姆的臉頰。

　　湯姆說：「表姊！我好幾次和爸爸坐火車去找阿姨都沒看到妳們呢！我們手上捉著雞，提著番石榴，還有

姨丈來訪

地瓜送去給妳們。

那隻大公雞在客運車上，還在火車上跑來跑去，牠的力量實在太大了，爸爸綁在扁擔上，被牠掙脫了，我和爸爸在客運車，還有火車上，一直追個不停呢！」

表姊們一直笑，蹲下來摸摸湯姆的臉蛋。

爸爸已經殺了一隻雞，一隻鴨之後，騎大腳踏車快速地往田裡去摘番石榴，還要挖一大簍的竹筍，及新鮮的青菜回來，要煮來請客，順便摘一大簍的番石榴及竹筍，讓她們帶回家。

爸爸本來就不太會說話，他不像姨丈，交遊廣闊，喜愛到處結交朋友。

姨丈的臉永遠都是笑嘻嘻的，一副樂觀開朗的模樣，和他們家的女兒一樣，也是到處受歡迎，受人喜愛。

姨丈很熱心地方事務，見到貧困的家庭，他會伸出援手，想方設法幫忙。

地方上有人推舉他出來選理事，他敬謝不敏，對政治不感興趣，倒是對訪貧病苦人家裡，發生不幸的遭遇或夫婦失和，教養子女發生偏差行為，他都樂意提供協助，也因為這樣，他天天忙得不亦樂乎。

他看到湯姆會說一聲：「湯姆！你一天吃幾碗飯，怎麼長得這麼瘦小？你看文慈和你一樣年紀，長得像一頭牛一樣健壯，你要多吃飯哦！」

「喔！姨丈！我很會吃呢！吃了那麼多東西，還是長不大。小時候以為是肚子裡的蚵蟲在作怪，把我吃進肚子裡的營養吸收光了。吃了蚵蟲藥，把蚵蟲拉出來之後，吃了那麼多的食物，還是長不大呢！」

表姊們一直笑。

阿姨和媽媽走到灶腳，兩位姊妹蹲在灶前，起火燃燒鍋鼎，一面做飯，一面聊天。

大表姊、二表姊、三表姊到媽媽和阿姨身邊幫忙。

四表姊、五表姊、六表姊穿著黑長裙白色上衣，三位臉上戴著眼鏡，睜著一副好奇的大眼睛，到處看看。

看到火雞成群的咕咕叫，很興奮，三位圍在一起討論。

走到大鵝旁邊，被大隻鵝追著啄她們。

那邊大面紅鴨也不甘示弱，振動翅膀，一面跑，一面叫著，搖動大屁股，跑過來做勢要啄她們。

湯姆看她們三位在大埕被這些動物追逐，覺得好好玩，想過去幫忙。

庫洛竄出來幫她們趕走雞鴨鵝的。

這些牲畜看到大庫洛跑出來趕牠們，個個牲畜族群很識趣的，搖搖擺擺走回牠們的地盤。

表姊們還是很好奇，走去牛舍看大牛。

湯姆跑過去，拉表姊她們的手，帶她們去大水井，看他在溪底、田中捉的泥鰍、鱔魚、鱸鰻、青蛙、土虱，

姨丈來訪

最近又養了幾尾錦鯉魚，兔子已經生育一大窩了，還有小鳥及鴿子。

湯姆說黃昏的時候，這些動物都是他的玩伴，也是由他和小姊姊負責照料的牲畜。

表姊她們一副不可思議地看著湯姆，認為湯姆很了不起，可以天天看到這些動物，然後培養出敏銳的觀察力。

她們家以前也有養動物，那是很久很久以前的事了。

表姊她們九曲堂的老家，前面就是她們的香瓜田，也有一個大埕。

湯姆小時候去過幾次，對那裡還有印象。

記得那時候姨丈就把這些子女送到高雄去住了，捨不得這些寶貝女兒住在偏僻的地方。

老家後來賣給建商蓋房子，變成很熱鬧的社區。

姨丈說，沒福氣賺大錢，自己的田住了半輩子，沒什麼發展，農田還是農田，賣給這些蓋房子的人，真厲害，轉手之間，不過幾年而已，竟然有辦法把荒地變成黃金社區。

種田人要賺錢，怎麼跟得上這些生意人。

姨丈倒也看得透，賣了那一大片田地之後，倒也甘心安分守己去過他的都市悠閒生活。

這些兒女每一位都不用他那麼掛心操煩。

大兒子那麼聰明，做什麼事都能勝任，又娶了一位大地主的女兒。

三位女兒也嫁了算不錯的對象，一家十口，六位女兒，彼此感情融洽。三位大的女兒常常黏在一起聊天，三位未嫁的女兒也捨不得分開，常常上學校，放學回家老是膩在一起，談天說地，好像這些姊妹永遠有說不完的話。雖然有時候彼此之間，也會互相有些爭執，但總是在談笑之間，化解了彼此的爭執。

只有文慈這個小男孩比較頭痛，脾氣比較大，常常有突如其來的禍事，不是在學校欺負弱小的同學，要不然就是無厘頭的大發脾氣。

在家裡，簡直像個山大王，也許家裡只有他資質比較差，沒有前面這幾位哥哥、大姊姊們那麼優秀的關係，所受到的關注沒有他們那麼多。

阿姨和媽媽聊天，時常搖頭嘆息，說這個最小的不會唸書，也就算了，卻是一天到晚惹麻煩。

媽媽笑一笑，「妳生養那一大票的女兒，每位都那麼優秀，出門進門，前前後後，左鄰右舍，一天到晚，誇獎個不停，讚美個不停。

從小到大，妳這群美女團就已經受到這麼多人的讚賞呵護，那位最小的，怎麼受得了這樣的壓力，不像我的小湯姆，從小自由自在慣了，大哥大姊沒一個會念書

姨丈來訪

的，只有苦苦地跟著我，夜寒日暑地插秧種田，我倒不期待小孩子要有什麼成就，只要他們身心健康，快快樂樂地長大，我就很安心了。

子女有子女的命，我們做父母的，也只能盡到做父母的責任而已，像妳生養的這幾位大美女，也沒有特別刻意去栽培她們，她們不是一樣資質還是那麼好，這都是命啦！」

湯姆聽媽媽講這些，總是想像媽媽一直對小七堂哥、大舅的兒子的兒子及文秀表哥，還有表姊她們生長的那麼優秀，又會念書，她一定也有期待她自己生養的小孩，希望也有像他們這幾位一樣地受人喜愛，但這僅僅是一種期待而已吧！

小七堂哥的優秀是小七堂哥的優秀，那是無法轉移到湯姆或是他大哥大姊身上的。

玫瑰花

「湯姆！湯姆！你要去哪裡？」

「媽媽！我去菜園摘幾把玫瑰花回來送給表姊她們。」

「記得早早回來，和阿姨、表姊一起吃飯哦！」

「喔！知道啦！」

騎著腳踏車往菜仔園去摘玫瑰花，這些玫瑰花已經

姨丈來訪

長得很漂亮了，每一朵花都開得很燦爛，紅的、白的、粉紅色的、紅褚色的及紅得發紫的玫瑰。

摘了二十幾朵，拿到水溝那裡，用水泡一泡，快速騎回家，希望表姊她們看到會歡喜。

「哇！湯姆！你去哪裡，摘這麼多的玫瑰花呀！」

「表姊！這是我自己種的呢！我自己種花已經種了兩、三年了呢！以前有種玫瑰花，但開得不是很漂亮，這是前年去一個神秘的地方，一位大姊姊送給我玫瑰插枝，那位大姊姊和妳們一樣，長得很漂亮哦！又有氣質。」

表姊們聽到湯姆這樣誇獎她們，不好意思地同時笑出來，摸摸湯姆的頭。

每一位送一朵，其他的也要帶回去高雄。

「想不到湯姆也有這麼好的性情，來陶冶氣質。」

「嗯！表姊才懂得欣賞花，哪像我大姊、二姊、三姊，根本不懂得欣賞。

表姊！我跟妳們說哦！我們家雖然是住草厝，但房間裡或客廳供桌上，只是插一朵紅透透的玫瑰花在瓶子裡，整個環境就變得很有情趣了呢！

我們家裡只有我和媽媽比較有相同的感覺，其他像爸爸、哥哥、姊姊他們對客廳房間，放一朵紅色玫瑰，會有什麼心情，他們是搞不懂的。」

表姊們笑出來，又一把捉住湯姆，往懷裡一直疼著，一直疼著。

湯姆覺得前三位大表姊，就像學校池塘裡，含苞待放的荷花，而春霞、春蕊、春嬌表姊就像大紅色的玫瑰花，一樣熱情大方高貴，使人敬慕得想多接近她們。

而湯姆家中的親姊姊，就像那幾朵喇叭花或菊花、倒吊丁花一樣，單薄清寂得很冷淡，耐活但不耐久美，像個淡淡未施脂粉的女孩。

媽媽和阿姨在灶腳忙著煮雞鴨魚肉。

湯姆和姊姊、表姊們在一旁幫忙洗滌蔬果。

「湯姆！菠菜洗好了嗎？放在篩子裡，拿給媽媽炒。」

「喔！媽媽！媽媽！茄子要切幾條？」

「切十條，圓形的。糊麵粉，摻一點糖鹽，加雞蛋，幫我攪一攪。」

「好！」

「另外切十五條要清燙起來，等一下媽媽要炒辣椒拌碎肉，蔥、蒜、薑切好，一起拿來爆香。」

「喔！」

「灶火要多放幾把柴進去哦！」

「有啦！灶火還很旺呢！」

「媽媽！我要吃煎雞蛋。」

「後庭院裡的母雞窩看看，還有沒有雞蛋？」

姨丈來訪

「有啊！前幾天我已經撿了一大籃子，要拿幾粒來煎呢！」

「十五、六個人要吃飯，煎個二十粒好了。」

「哦！這裡面二十六粒。」

「那統統把它打散，攪一攪，拿來媽媽一起煎好了。」

「媽媽！雞蛋由我來煎好了。」

「好呀！」

「湯姆！你會燒菜煮飯哦！」

「會啊！表姊！妳不知道喔！煎蛋可是我的拿手菜呢！我還會拿雞蛋來做蛋炒飯喔！炒飯裡放高麗菜葉或香腸、肉鬆進去一起炒，很好吃哦！」

炒煎蛋，豬油我都放很多在鍋鼎裡，讓豬油熱，沸騰了之後，把雞蛋倒進鼎裡，讓它平均均勻之後，看到煎至金黃色了，膨赤赤時，快速的翻過面，兩面雞蛋全熟透了，呈現金黃色的，吃起來又Q又香，鹽巴不能放太多呢！上面再灑一點醬油，過熱一下，吃起來更可口芳香。」

「哇！湯姆真的很厲害，不是蓋的，真的煎出這麼一大盤金黃色的雞蛋。」

「表姊！我們趕快到客廳吃飯，前面媽媽和阿姨已經煮好一大堆東西了，雞蛋容易受冷，冷掉了，就不好吃了，趁熱，我們趕快去客廳吃飯。」

這裡剩下竹筍，要做冷盤用的，交給三姊剝一剝殼。

「等一下！湯姆！竹筍也切好了。」

「那我們一夥人趕快來吃飯吧！」

「哇！好棒哦！」

每次表姊她們家的人來，都很熱鬧，吃得好飽哦！

客廳放兩大桌，爸爸和姨丈吃飽飯，坐在前廊翹二郎腿，看著天空聊聊天。

湯姆和小姊姊，還有表姊，幫忙收拾碗盤到灶腳去刷洗。

清子婆婆

甘蔗稅

這一次姨丈來邀爸媽一起做善事。

今年的冬令救濟，姨丈在高雄有做一些規畫，他自己拿出個人能夠辦得到的財力，去救濟貧窮的人家，有些三餐不濟或工作無著落的，只要他認為可以幫得上忙，他都儘量布施，有幾個個案，他推展得還不錯.

幫助窮苦人家救濟三餐，只是一時的，他找到幾個

姨丈來訪

願意從失業困頓當中，願意繼續努力工作賺錢的貧戶，鼓勵他們出來賣烤地瓜，他出錢做一輛一輛手推車的地瓜攤，每一輛車上放一個甕，裡面有可以燒烤地瓜、芋頭的爐火，這些生財器具花費的錢不多，又可以讓貧戶自力更生，姨丈這幾個年頭，幫助了幾個情況還不錯，今年擴大到中北部地區，幫助的不僅僅是賣地瓜、芋頭攤，也有做小麵攤、賣菜、做饅頭、碗粿、麻糬，甚至連開計程車的也有，就連大表哥，有錢的老丈人也願意出一點錢來做善事。

媽媽以前常拿錢到各寺廟裡捐款做善事，和阿姨一樣都有樂善好施的情懷，現在家裡的經濟有改善了，不像以前剛光復的時候，為了吃三餐，三餐的溫飽在哪裡都不曉得，為了養活一家人，爸爸和二叔去台糖辦理放領地，分期付款，長期放領契作，想到那時候真辛苦。

聽媽媽說，以前土地的稅金繳不出來，中午都不敢回家吃飯，躲在田裡，怕稅務官來捉人。大姊不認識字，稅務官要來查封，貼封條。

大姊說：「你們貼，我就撕，反正我也不認識字，才不管你貼封條，不貼封條的。」

這些稅務官知道鄉下人沒什麼見識，不去計較，反而去找年紀較小的大哥，那時他才國小三年級，不懂事。

稅務官問他父母在哪裡？竟然熱心地帶稅務官去

田裡找人了，還好農田裡沒有道路可以讓吉普車開進去，稅務官也懶得用走的去捉人，就這樣躲過被捉的命運，這種經驗有好幾年，經常要躲稅務人員來捉人。

鄉下人有句話，說「都市人怕人吃，庄腳人怕人捉。」就是說都市人買什麼東西都貴得要命，青菜蔬果，花錢買來請客，怎麼煮都那麼一丁點，客人來多了，吃起來真有點捨不得。

而鄉下人自己種的東西多，牲畜自己養活，客人來，請吃飯、辦桌也無所謂，就怕農作物欠收，繳不出土地稅金來。以前的農地有地瓜稅、甘蔗稅、現金稅、水利稅，一大堆的稅金，要是那一年繳不出來，稅務官會來捉人扣押起來，等著拿錢才放人。

古書說，稅重似猛虎。

鄉下人不識字，聽到要來捉人，怕得比遇到老虎還要怕呢！

所以鄉下人怕人捉，都市人怕人吃，就是這個道理。

湯姆出生之後，家裡的經濟漸漸略有改善了。

湯姆記得媽媽常常帶他去各地的寺廟拜拜，也會順便捐款給佛寺的師父，大崗山、佛光山、台南的南鯤鯓，草嶺的佛寺，還有我們村子附近有幾間佛寺，湯姆也和媽媽去過。

媽媽常說：「我們番仔寮真有福氣，四周圍都有廟、佛堂護持著，四周圍都有這些神佛的庇佑，人們的心要

姨丈來訪

常存善念的話，天災人禍就比較少，農家的五穀也會豐收的。」

姨丈就是常常做善事積陰德，他們家裡的子女才會個個生養得那麼慈眉善目，賢淑端莊。

姨丈每過一段時間就會來問媽媽，看今年能夠出多少錢，大家捐一點，籌畫籌畫，有甚於無，有多少能力做多少事。

姨丈從來不會對外募款，也不收受不是至親以外的人的捐款，他願意盡自己棉薄之力，默默地行善，爸爸很支持姨丈的作法，只是爸爸像個二愣子，二愣子，不太會表達他個人的意思。

媽媽說爸爸像一條傻牛一樣，只知道傻傻的，憨憨地做，頭殼不會巧變。

湯姆跟媽媽說：「妳嫁了一個憨憨做的鐵牛，那也不錯，總比好吃懶做要好得多。」

媽媽聽了笑開懷，「你爸爸沒什麼好處，唯有的好處就是肯努力幹活，雖然沒頭殼，但也不笨。」母子倆有事沒事，就拿爸爸來開玩笑。

高雄的親戚，爸爸最常去的，就是春嬌表姊她們家了。

記得小學一年級、二年級的時候，爸爸常常手牽著湯姆坐屏東客運車到火車站，坐火車到高雄來找姨丈。

　　那時候坐在客運車上，爸爸手上會捉一、兩隻雞，還有番石榴、竹筍，秋冬初春的時候就帶蓮霧、芒果來找姨丈。

　　有幾次坐在客運車上，公雞、母雞，還有別人捉的雞隻一起坐在車上，有些雞隻沒有綁好，放著讓牠們在汽車上到處亂跑，害司機先生一面開車，還得一面把雞鴨鵝的牲畜趕走，另外，有些雞飛到他頭上亂大便，還會跑到他的方向盤上，跳來跳去的呢！

　　湯姆現在想到那幅景象，真的很想笑出來。

　　坐火車也一樣，只是坐火車是剪票員幫忙捉雞隻，而不是火車司機呢！

　　「湯姆吧！」

　　「表姊哦！」

　　「湯姆！表姊要回去了，留下媽媽在你們家多住幾天。」

　　「喔！來一天就要回去了，我們去妳們家都有多住幾天呢！」

　　表姊笑！摸摸湯姆的頭。

　　「我們一家子這麼多人，湯姆有準備房間給表姊睡，我們就多住幾天啊！」

　　媽媽笑出來。

　　湯姆才想到木板床睡不了那麼多人。

　　「那我送表姊，還有姨丈、文慈去等客運車。」

姨丈來訪

「好呀！」

離情苦

　　湯姆有點捨不得，看著表姊她們坐上客運車回高雄去了。

　　看著車子漸漸駛離，心中不免有點悵然若失的感覺。表姊她們坐在車上，不時的回頭，對著窗外招手，湯姆離情依依的，看著車子遠離，內心酸楚酸楚的，淚眼快要潰堤。

姨丈來訪

　　表姊她們離開了，湯姆依依不捨地走回去。

　　想到一大早，表姊她們快快樂樂，熱熱鬧鬧的，在家中嬉笑玩耍。大夥兒一起撿拾菜葉，洗滌蔬果什菜的，噓寒問暖，和表姊她們談天說地，湯姆內心總是會有一股暖流在胸懷裡流淌。

　　每次遇到這種情形，就會有這種感覺。

　　三、四年級的時候，比較沒有那麼強烈，最近幾次的互相拜訪，每到要分離的時候，那種感覺越來越強烈，尤其這次是她們來屏東找湯姆他們，這種分離的情感更強烈了。

　　為什麼會有這種感覺？湯姆也說不上來，是覺得心頭酸酸的，有一種說不上來的苦楚，好像快要失去親人，或是去遠方會想念媽媽，那種內心交雜有一層莫明的情愫在血液裡，在情感裡發酵似的。

　　以前去參加航海訓練，待在船上，夜晚看著星星在天空中閃閃發光，暗夜孤寂的，和信宜姊姊、阿國在甲板上聊天，聊到很晚很晚，夜很深沈的時候，也會有這種感覺。

　　內心裡，一直想著媽媽，不知道媽媽過得怎樣了？

　　白天是不是正在走路去田裡工作，現在不曉得睡得好不好？

　　晚上少了湯姆躺在她的懷抱，媽媽會不會傷心，人家常說，母憶子是親情的流露。

　　湯姆也會子憶母，離鄉思情呢！

　　這種心情在船上也告訴信宜姊姊，信宜姊姊說這是思鄉病，她說古代的人離鄉背井，隨著軍隊或出外去討生活，如果遇到水土不服，又患了思鄉病，身體會很容易生病的。

　　有些人就因為這樣而死掉。

　　像我們坐的這艘船上的官兵，如果他們坐著船到很遠很遠的國家去做敦睦邦交，有些去一趟要一、二年，身心靈或心理沒有受到很好的建設，發起病來，那才苦呢！

　　湯姆會想念媽媽，就表示湯姆跟媽媽的感情很好，才會思念媽媽。

　　我們人類是感性的動物，對情感特別敏感，遇到感動的或挫折的，內心裡，都產生很多情緒。

　　感動的情緒特別強烈時，就會想哭，內心酸楚酸楚的，憂愁憂愁的。

　　這種感情對詩人來說，他們是最能發揮所長，他們會把這種思念情愁化作篇篇的詩詞、文句或是好文章，散文、小說、故事寫出來，表達著人類自古以來，對宇宙萬物那種景仰敬慕，會引發人深省的。

　　老子的道德經也才短短的五百多字，佛教的心經才

姨丈來訪

二百六十個字而已，就可以表達涵蓋一切天地宇宙的哲理，這就是我們生為人和其他動物有分別的地方。

那個時候，在船上和信宜姊姊分手的時候，湯姆也有一點點這種傷感，感傷的感覺。

湯姆越是喜歡的人，這種感覺就越強烈。

走回家中，媽媽和阿姨仍然坐在一起聊天。

湯姆撒撒嬌的，依靠在媽媽身上，聽她們倆談天說地，說她們年輕的時候，嫁人生養子女的辛苦，對這些小孩未來的期許，擔心這兒，擔心那兒，對子女永遠有擔心不完的負擔。

湯姆喜歡媽媽，也喜歡阿姨，覺得和媽媽在一起，內心一點牽掛也沒有，很安全，可以完全放鬆心情，無憂無慮地享受他童年的生活。

補藥膏

　　湯姆看別人來找媽媽時，不管是親戚或鄰居，賣麻油的阿婆或寄藥包的商人，來找媽媽坐遊覽車去遠地燒香拜佛的旅遊團，媽媽很少拒絕人家的要求。

　　每一年入冬的時候，賣芝麻油、中藥熬成膠質的補藥膏這種補品，冬天媽媽會買一些來燉，只要這位阿嬤擔著麻油補品來賣，媽媽多少會跟她買一些。

姨丈來訪

　　阿嬤每次來都笑嘻嘻的，問媽媽這位是不是最小的屁子，一副很羨慕的樣子。看她和媽媽年紀差不多，但是媽媽身邊卻還有小湯姆這麼小的孩子。

　　似乎湯姆的出生，在她們那一輩份的人當中，造成很大的轟動，不然怎麼每次遇到同樣的情形，她們都會投以異於常人的眼光來看小湯姆呢！尤其是那位寄藥包的阿叔。

　　他有時候一個月來一次，有時三、五個月或半年來一次，看家裡客廳吊掛的藥包吃完沒。

　　湯姆最常拿萬金油來擦手腳了，被小黑蚊叮咬到，擦一擦就消腫了。

　　來拜訪媽媽的商販或阿婆、阿嬤，坐在客廳或灶腳，隨便搬一張矮板凳坐著，就可以聊上半天。

　　媽媽不會主動去人家家裡串門子，不像那位幫人家洗衣服的清子婆婆，全村走透透，像位記者一樣，全村子裡所有的大大小小事件，她天天瞭若指掌。

　　她可以從東村聽到一件事，講到西村，再到南村講，東西南北村的事情，一一如數家珍，到各處去宣傳饒舌呢！

　　還好這種東家長，西家短的小道消息，還是以她聽到的消息，或發生的事件，經過稍加修潤說出她的感想，倒也能引起教化，引人深思的震撼呢！

　　她來找媽媽聊天時，湯姆最常聽到她講到她幫某某媳婦洗衣服，某某媳婦做月子，身體不能碰到水，交由她來洗，她的婆婆是如何如何的對待這位媳婦。

　　或是哪一戶人家的長子，長期佔著家產田產作物收成，沒一點孝心，對待父母、弟妹如仇敵一般，把收成的穀物賣掉了，私做家財，對供養父母一餐一飯如乞丐一般地施捨，明明田地收成很好，卻天天叫苦，夫妻倆自己生養的子女疼惜的像珍珠寶貝一般，這種對供養父母一餐，就得用數的數字來計算的心態，真要不得。

　　一個人的天性就是自私自利，忘恩負義，對待自己父母都會有這種心態了，更何況是對待朋友、弟妹、親戚。

　　這種小人的嘴臉，一般體型或臉型都比較瘦，尤其是老鼠型的嘴臉，他們的心胸比較狹窄，這些人年紀太小了，將來有一天也會遇到他們對待公婆父母的刻薄情形一樣，兒子媳婦也會用相同的方法來對待她們。

　　講到這裡，洗衣的清子婆婆腳會不由自主的抖起來，然後點燃一根香菸，深深地吸一口，吐出一團煙霧，在空氣中裊裊地飛散。

　　有時候會嚼一口檳榔，吃得津津有味，一面咀嚼，一面訴說著她看盡人生百態的過往雲煙。

　　這位清子婆婆本身就是獨居老人，她本身就是被自己的子女遺棄，獨自自立更生，靠著幫人家洗衣或到墳

姨丈來訪

墓裡摘決明子來賣，有時候還得擔著竹簍到田裡撿地瓜、五穀雜糧回來吃。

但是她來找媽媽聊天，仍然不失一副悲天憫人的語氣。

她看著天空，頭仰得高高的，長嘆一聲，嘴巴裡的檳榔嚼得很可口的樣子，吞下血紅紅的檳榔汁液，流出一沱口水出來，清子婆婆很自然地用手抹一下嘴角。

媽媽只是靜靜地聽她訴說，清子婆婆道東家長，西家短。

湯姆也像在聽故事一般，坐在兩位大人身邊，轉頭問媽媽：「您們吃檳榔的習慣，是不是和原住民有親戚關係？」

清子婆婆一口來不及吞的檳榔汁，笑得吐出來，趕快用手擦一擦噴出來的汁液，然後笑著說：「猴死仔，講這種話，叫我們不知道怎麼回答。」

然後清子婆婆自言自語的，似乎在回答湯姆的問題，「唉！這個猴死仔說得有可能哦！以前的祖先來台灣開墾，常常聽老一輩的說，有唐山公，沒有唐山媽。祖輩的先公祖來的時候，聽說都和平埔族的女人結婚，我們這個庄頭叫番仔寮村，往早時代也確實是原住民住在這兒呢！這個猴仔沒講，我們倒沒想到呢！」

然後咯咯咯，發出一陣得意的笑聲，好像又多了一個新發現的新鮮題材一樣。

清子婆婆幾乎每天在黃昏時刻，忙完了整天的工作之後，就會固定的來找媽媽聊天。

這時候媽媽也剛好餵完豬，吃飽飯，肚子等著消化，常常剛剛坐下來，椅子還沒擺舒適的坐好姿勢，清子婆婆就趕過來了。

「湯姆！拿一把凳子給清子婆婆坐。」

「喔！清子婆婆這張板凳給您。」

今天不曉得會講什麼故事。

湯姆聽她講故事比去學校上課聽老師教什麼二十四孝，或是黃花崗七十二烈士，「風瀟瀟兮易水寒，壯士一去兮不復返」，還要刺激。

老師站在教室上課，為什麼沒辦法像清子婆婆講故事一樣精彩呢？

湯姆常常搞不透這層道理。

課本上的歷史人物，好像離湯姆想要理解的世界很遙遠，遙遠到幾乎無法想像。

孔子的子曰，之乎也者，「知之為知之，不知為不知，是知也。」想到孔子的這些句子，頭皮就發麻，不知道怎麼理解，頭腦才會順暢。

如果老師或學校上的課，請清子婆婆來說故事的話，湯姆相信他一定可以變聰明的。

湯姆曾經靜靜地想到，為什麼清子婆婆去年講的故

姨丈來訪

事，他可以記得很清楚，又可以理解，而學校教的課本內容，他卻一點興趣也提不起來，難怪上課眼皮會重重地垂下來，腦袋瓜子像重錘一樣，沈重沈重地，哪像清子婆婆講的故事，又精彩又生動，活潑自然有趣，她可以把全村子裡每一家，每一戶人口的動態，如挑什貨一樣，講解得很有條理。

村長母

湯姆坐著，臉趴靠在媽媽的大腿上。

清子婆婆清一清喉嚨，輕輕吐一下卡在喉頭的檳榔渣，接過媽媽手中的檳榔粒，一口咬下去咀嚼，嚼了滿嘴吞下去。

「最近村長伊吧屁子，最小的那一位，聽說娶到一位不錯的姑娘，那位新娘子嫁過來，還附帶丈母娘、小

姨丈來訪

姨子，一家三口全嫁過來呢！這下子村長母可熱鬧了，有得瞧啦！

村長古道熱腸的性格，正好符合她的個性，兒子娶個老婆，竟然把全家大小接過來奉養。

她那位老么也像小湯姆一樣，不愛讀書，更糟糕的是長大成人了，都已經幫他娶媳婦轉成大人了，又不愛工作，也不會做農務。

村長母一個頭兩個大，看到這種情況，不知怎麼搞的，這下子老么忽然又蹦出這麼幾口子，要說不也不是，不說不，又擔心這么兒不曉得養不養得起呢？」

深呼一口氣，點了一根香煙，深深地大吸一口，慢慢地把一口一口煙霧從嘴裡吐出來，似乎深陷在村長母的煩惱中，好像那是她兒子，同樣地操著心。

「這下好了，煩惱一個多月，已經很頭痛了，還要負擔媳婦、親家母，還附帶一位小姨子，人家是說有吃又有得拿，我這兒子是娶某甲親母兼小姨。」

搖搖頭。

「未要緊啦！村長母家大業大，田產又多，不要說來三個，即使來半村也養得起啊！」

「唉喲喂呀！你們怎麼這講，多難聽，見笑死了。莫這麼說，莫這樣說，有的沒的，總該設法來幫幫這個小么子一點忙。

您看村長母像一隻母雞一樣，從早到晚，無時無刻靜不下來，不是東跑跑西竄竄，到處張羅著她那寶貝兒子的事業，就是四處打聽有誰的家又要結婚辦喜慶，她好能夠發揮超級業務員的本領去拜託人家，把外燴辦桌的事，交給她兒子來做。

聽說只要村長母出來遊說，他兒子的外燴可是做不完呢！業務好到不行。

現在全村的人只要有婚嫁，大多數全由村長的兒子包辦，外燴的業務已經擴大到其他鄉鎮市去發展了。

當初村子裡的人不太看好她兒子會有前途的，認為一位清閒，遊手好閒習慣的年輕人，怎麼有可能養得起一家子，當地村子裡的人還不是等著看笑話。

一個不事生產的人，怎麼可能養妻帶老丈母娘、小姨子，開玩笑嘛！

你看現在情況不同以往了，村長母苦口婆心，用心良苦，鼓勵著小兒子去大胖清那兒學習辦桌，做廚子，做一位母親像村長母這樣子的人，實在很了不起。

為了么兒的前途，向么兒曉以大義，鼓勵他去學習做廚子，大家也都看得出來，她對這位么兒用盡心思與精神，這種母愛相信就連頑石也會感動的。

誰說孺子不可教也，朽木不可雕也，能成材呀！」

清子婆婆說到激動處，眼淚幾乎掉出來，好像她也完成了像村長母一樣不可能的任務。

姨丈來訪

「好不容易才把這位么兒導入正軌，輔導得事業有成，讓她在村子裡有面子。

最近看到村長母臉上常常笑嘻嘻的，堆滿了幸福滿足的笑容，對待過往來去的村里左鄰右舍打招呼。

不過說實在的，看到村長母真的很像一隻兩腳爪抓個不停的老母雞，一天到晚張羅著一群小雞的三餐溫飽及安危，又要剔土撥泥，張翼呼雛的，真所謂古人說的文、武、勇、仁、信五德。村長母身上全都有了。

原來雞有五德，如頭戴紅冠似文的表現，腳有距為武的表現，敢和敵人作戰，如老鷹及蛇是勇的表現，找東西吃時，會咕咚咚，呼朋引伴，一起分享是仁的表現，守時雞鳴啼叫是守信的表現。

你說這村長母像不像一隻老母雞呢！」

腳抽動一下，又深深地吸一口香煙，檳榔更是嚼得咔喳咔喳，真的好像很可口的樣子，然後得意洋洋地訴說了這一段。

媽媽也像個聽完演講的好聽眾，拍拍屁股，有一點捨不得的。

時間過得這麼快，又到入夜該去睡覺的時候了。

媽媽的生括型態和清子婆婆不太一樣。

清子婆婆常常一大清早，天未亮，有時候三更半夜，就去收拾人家丟在外面的衣服，拿著一大桶子去大圳溝清洗。

　　清晨，湯姆起牀撿拾牛豬糞時，聽到豆腐吉吆喝的聲音。

　　「豆腐哦！來買豆腐喔！」

　　清子婆婆要是和豆腐吉先生碰面的話，豆腐吉先生會從他騎的腳踏車上滾下來，然後很恭敬地向清子婆婆問安，隨後會大聲地說出一句，「大記者婆婆大人早安。」

　　頭鞠躬得九十度，快要碰到地了。

　　清子婆婆會笑得很得意，發出咯咯清脆響亮的笑聲。

　　如果他們倆站的距離夠近的話，清子婆婆可能會拿她身上任何可以打人的衣服或打狗棍，往豆腐吉身上打下去。

　　不過豆腐吉先生會很滑稽地跳開來，扭一扭他那瘦得乾巴乾巴的屁股，拍一下說，「沒打到。」

　　清子婆婆會笑著一路做勢又要打過去的樣子。

　　他們倆只要一見面，就會鬥嘴鼓。

　　豆腐吉常常會用很尊敬又滑稽的行為動作來逗弄清子婆婆呢！

　　他們倆彼此是苦命人惜苦命人的心情，卻又是性情樂觀、開朗、豁達、安貧樂道地過他們的人生。

　　豆腐吉先生快速地跳上腳踏車，踩著他那輛載滿豆腐的裝備，沿路喊著：「豆腐哦！誰要買豆腐啊！快來

姨丈來訪

買哦！透早做好的，最新鮮，最肥嫩，好吃又清爽的豆腐喔！」

聲音隨著他遠去，越來越小聲。

有時候，湯姆還睡在被窩裡，聽到豆腐吉先生的叫賣聲，就知道快天亮了。

媽媽有時候會向豆腐吉先生訂豆腐，每天一大早，就放一塊大豆腐在廚房的窗口。

後來媽媽也訂牛奶給湯姆喝一陣子。

58

農村古早味

姨丈來訪

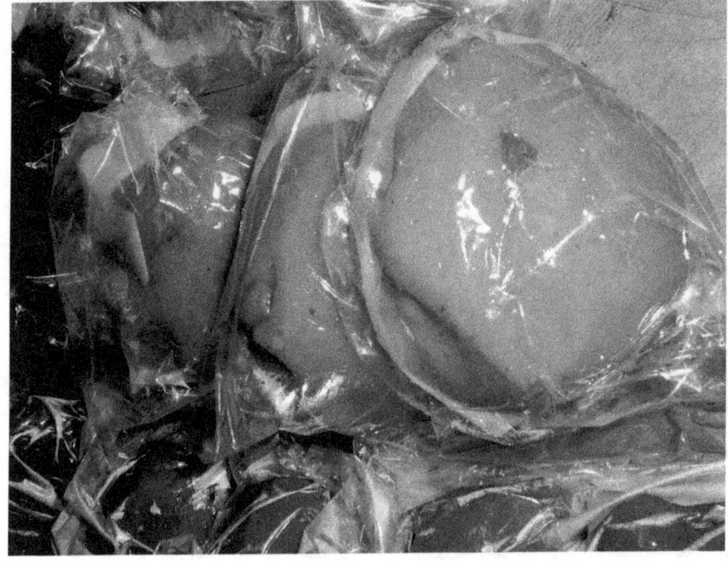

姨丈來訪

姨丈來訪

屏東的小湯姆六

姨丈來訪

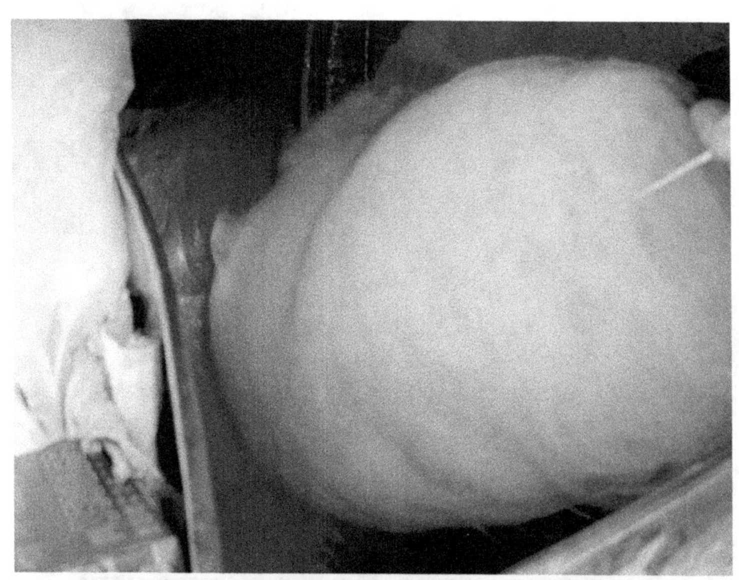

姨丈來訪

一百塊錢

串門子

媽媽幾乎每天都有不同的親戚朋友、鄰居，來找她聊天。

四叔走路出現時，雙手常擺放在屁股後面，走路像女人家一樣，很會扭的，好像大嬸婆過街。

四叔的子女眾多，老大、老二固定開大車接送村子裡的人，去高雄的三合板公司上班，聽說那是一家很大

姨丈來訪

的木頭加工廠。

　　鄉下人有一個固定上班的工作，收入穩定多了，有了這份工廠上班的收入，對家庭的經濟幫助很大。

　　農夫種田老是看天吃飯，颱風下雨，大颱風天結霜霧凍，常常把可以收成的農作物，一夕之間凍得落果滿地，尤其是蓮霧，冬天一道寒流來的時候，原來結實累累的果樹，一天的時間掉了滿地，今年的收成全泡湯了，颱風一來，稻子、蔬菜、果子全部一掃而光，那種景象真的使人欲哭無淚。

　　四叔看他兩個兒子有這份固定收入之後，家境變得比較富有了，日子過得也比較清閒，他現在輪流著，讓他的子女奉養，今天吃這家，明天吃那家，有時候這個月吃這家，下個月又吃那一家，要吃月數或日數，都可以隨他高興。

　　子女孝順，養兒防老，不就是這樣嗎？

　　四叔講話聲音很宏亮，個性開開朗朗的，不拘小節，遇到晚輩叫他，會很大聲地回應。

　　「呼！誰在叫啊？安童喂！我的媽呀！是湯姆啦！你怎麼也跑到庄尾來了？」

　　湯姆和同學或同伴常常全村子裡到處玩，經常遇到四叔上村下村，東村西村，找人聊天，串門子，比起爸爸，他好命多了，子女個個分完家產，農田的事務，四叔就不用像湯姆的父母一樣，要天天下田去勞務。

湯姆看媽媽一大早起來，餵完雞鴨鵝六畜牲口，又得煮飯燒菜給全家人吃。

湯姆清晨醒來要撿牛糞，想到這裡，有點悲哀，每天有做不完的事兒，想要像四叔一樣輕鬆閒適，到處遊玩，不知道要活到什麼時候。

想到要活到那麼老，才有辦法像四叔一樣到處快活，內心不禁打個抖嗦。

天哪！難道沒有其他辦法可以跳脫嗎？

想著想著，真期望趕快長大，到外地去打拼，不要待在這種地方，一天到晚沒日沒夜，做個不停，簡直像螞蟻一樣，勞勞碌碌的，搬東搬西。

不過，過一陣子，湯姆遇到過年過節有年糕可以吃的時候，又會有不同的想法了。

每一年四季裡，有不同節日，十二月新曆前後有圓仔湯。

冬至吃湯圓，媽媽搓湯圓，搓得又圓又大粒，紅色白色煮甜點，真好吃。

偶爾包個紅豆餡、花豆餡、芝麻餡、地瓜餡、芋頭餡，還有那一粒粒包著肉餡粗大的鹹湯圓，放幾把茼蒿一起煮，永遠也吃不膩。

農曆年的時候，又有吃不完的年糕、紅龜粿、鹹蘿蔔糕，吃完又Q又黏的年糕，已經三月了。

姨丈來訪

「清明時節雨紛紛，路上行人欲斷魂。」

掃完墓，很快又進入端午節，家家戶戶門前掛艾草，榕樹葉，喝黃酒，吃粽子，尤其是那一大串，一大串的大粽子，綁在灶腳的各角落，這兒吊一串，那兒吊一串，鹹的、甜的、大粒小粒，吃不完似的。

每到放學的時候，回到家裡，看到灶腳吊掛著那一串令人垂涎三尺，食指大動，非吃個痛快不可的大肉粽，就覺得住在鄉下還是滿幸福的。

七月拜拜為好兄弟準備豐盛的供品，宴請親朋好友來吃大餐，救濟沿路乞食的乞丐。

八月中秋吃月餅、柚子，吃到水果季的來臨。

芒果採收完，龍眼已經成熟了，隨蓮霧上市，台南、嘉義、台中、雲林的柳丁、椪柑，又在採收。

屏東這裡生產蓮霧、龍眼、芒果、鳳梨、釋迦，中部生產水梨、蘋果、水蜜桃、柳丁、椪柑。

南貨北運，北貨南運，中南北東西，各種作物蔬果，南來北往，貫穿成為農村樂的景象。

九月、十月白露、秋分、寒露、降霜、立冬、小雪、冬至，很快地一年又到了新曆年，過不久，又到農曆年。

湯姆想想，一年到頭，有這麼多節日，又有吃不完的各種食物，想到這裡，內心又興奮起來了。

湯姆最近常常東想西想，一下子快樂得不得了，一下子憂愁得不得了，似乎每天有不同的情緒在困擾著他。

大人常說小孩子沒有煩惱，他們才不懂得小孩子的心聲呢！

湯姆搞不懂這些大人，他們已經忘記他們曾經也當過小孩子的時候了，小孩子怎麼會沒有煩惱，煩惱才多的呢！

像湯姆一天到晚，就煩惱著沒零用錢買東西吃，就很苦惱；煩惱著向爸爸要不到錢，心裡就很難過；煩惱著功課不好；煩惱著什麼時候長大，就可以自由自在的，像大人一樣可以花多少錢，就花多少錢；煩惱著天天上學，要一大早起牀；煩惱著老師又要打手心了；煩惱著艾莉絲不曉得會不會喜歡他；煩惱著甜粿、紅龜粿、發糕、米仔麩吃完了，什麼時候媽媽會再去爆米香做米仔麩糕。

這些煩惱已經夠多了，還說小孩沒煩惱。

這些煩惱在湯姆來說，都只是其中的小小煩惱而已。

他最煩惱的，還是每當黃昏時分，他想那艾莉絲的倩影，老是在他心中揮之不去，到底什麼原因，使他這麼想念她。

湯姆也搞不清楚，心裡頭有太多太多搞不清楚的疑惑，等著他去煩惱呢！

姨丈來訪

其實小孩子的煩惱才多呢！

湯姆煩惱的不僅僅是家裡的農務，還有他心中的艾莉絲，每天想到艾莉絲，心頭就酸楚酸楚的，到底是什麼原因，他搞不清楚，就是每一天總有那麼一段時間，會愣愣地想著艾莉絲，想像著如果可以和艾莉絲手牽著手，散步在夕陽下，彼此傾訴著相互之間的情懷，那不曉得有多好。

想著想著，又陷入了那種虛無縹緲的幻想裡頭，好像這個世界只有艾莉絲，天天陪在她身邊，和她快樂地共度今宵。

湯姆想到艾莉絲的時候，內心就蹦蹦跳跳個不停，臉脹脹，隨即又臉紅心跳個不停，真傷腦筋，怎麼會這樣，還是不要想太多比較好，想太多了，增加很多的苦惱，還是跟媽媽在一起比較快樂。

這個世界上，湯姆相信只有媽媽最疼他了，再也沒有人可以像媽媽一樣，這樣瞭解湯姆了。

只要湯姆犯了一點點小錯，或偷拿爸爸的錢，媽媽一眼就瞧透了，爸爸常常糊裡糊塗的，摸著頭問媽媽，「奇怪！最近我也沒花什麼錢，怎麼老是覺得好像少掉一百塊。」

等到過幾天，爸爸想到的時候，湯姆的皮就要繃緊一點了，少不了又要挨一頓打。

　　媽媽擔心著問湯姆：「你最近越來越大膽了，連一百塊錢也敢拿。」

　　湯姆一臉無辜地跟媽媽說，「爸爸的錢常掉到牀底下，小時候常常撿到呀！近來爸爸睡的牀鋪常放一百塊錢，壓在草蓆下面，我一翻起來就看到了，當然順手就拿去花了呀！」

　　湯姆拿到大錢去學校當大爺的時候，花的快樂，但是過一陣子，內心會有種不祥的感覺，好像大難快要臨頭了，這種預感很強烈，使他內心常常交戰著，有極深的罪惡感。

　　撿到爸爸的一百塊錢，是要還給他，還是私自留下來享受好。

　　看到這麼大的一張鈔票，拿在手中，那種誘惑真的受不了，不拿去花個痛快，簡直就像個大傻瓜，有了這一百塊，可以找步伯買土豆糖、麻糬、三色糊來吃，也可以買很多很多尪仔標來玩。

酒瓶蓋

　　最近湯姆又迷上玩酒瓶蓋子，農曆八月中秋節，爸爸媽媽拜拜，頭一次買黑松汽水來喝，這種汽水打開來泡泡很多，有時候會冒出瓶子外面來。

　　湯姆捨不得溢出來，伸出舌頭去舔。

　　哇！那汽水味兒真棒，倒在杯子裡，一咕嚕一咕嚕地囫圇吞下去。好滿足喔！能夠喝黑松汽水，真的很稀奇呢！難得爸媽買這種飲料來喝。

現在學校的同學及湯姆童年的玩伴，流行收集這種酒塞蓋子來玩，每個手中拿一個酒塞蓋子，畫一條線在空曠的地方，大夥兒先猜拳。

剪刀石頭布。

風祖布、仲仁布、欣星剪刀，魯比、湯姆石頭，兩個布，兩個石頭，一個剪刀，不算，重來。

剪刀石頭布。

三個布，兩個剪刀，剩湯姆和欣星是剪刀，換湯姆和欣星再猜一次拳。

剪刀石頭布。

湯姆石頭，欣星剪刀，湯姆贏了，先來，丟出手中的酒瓶蓋子。

拿一個酒瓶蓋子，把大夥兒的酒瓶蓋子，從笑面丟下去，變成了背面就贏了。

沒丟中，換欣星蹲在線上，把大夥兒的酒瓶蓋子，丟到畫線的地方，拿起自己的酒瓶蓋子，丟同伴的酒瓶蓋子。

看誰先丟到指定的酒瓶蓋子就贏了。

「湯姆！湯姆！今天我們的手氣真背，輸得一蹋糊塗，全被仲仁贏光光了。」

「魯比！你那裡還有嗎？」

「沒有了吧！」

姨丈來訪

「那我們去豆仁義那裡找找看，他回收回來的醬油瓶子上，有沒有蓋子？」

「可是現在太晚了，我要回家煮飯燒開水了，改天再去撿好不好？」

「嗯！」

各自走回家。

「湯姆！湯姆！來一下，媽媽問你，有沒有撿到你爸爸的一百塊錢。」

湯姆低頭不太想承認，停頓了一會兒，媽媽看著他，拗不過媽媽的逼視，只好承認。

「有啦！」

「花掉多少錢？」

「剩下五十九塊。」

「拿來給我，媽媽幫你湊足了，放回去你撿到的地方。」

「喔！」

「下次不可以這樣了哦！」

「喔！」

還好這次沒有全花掉，拿還爸爸之後，心裡的負擔好像減輕了許多。

爸爸的錢老是放在他睡的牀鋪草蓆下面。

湯姆不記得什麼時候開始，只要一放學就先回家掀開草蓆，看看有沒有錢丟在那兒。

　　有時候，爸爸會放好幾張一百元的，或是五十塊錢、十塊錢的紙鈔在那裡。

　　湯姆常常禁不了誘惑，看到這些花花綠綠的鈔票，會情不自禁地隨手拿一張。

　　有時候，站在那兒發呆，沈思一下，到底是要拿一百塊錢的好，還是抽出一張五十塊錢的鈔票。

　　看十塊錢的比較多張，先抽出兩張，放在口袋裡，隔天到學校上課，口袋裡的錢還不敢花，先試探一、兩天看看，如果爸爸沒有發現，再拿出來花用。

　　這一段時間，湯姆仍然繼續觀察著，爸爸牀鋪草蓆下面的鈔票，有沒有變化，如果有變動，再過幾天，爸爸一直沒有發現，那湯姆就可以很安心地，拿這兩張十塊錢的鈔票到福利社，或去找步伯玩抽籤遊戲賭輸贏。

　　不曉得為什麼湯姆開始犯上這個毛病，老是感覺心裡頭有點賊賊的罪惡感，好像做賊心虛，那種感覺每次偷拿爸爸的錢，內心都會後悔，但又受不了這種鈔票的誘惑，總會情不自禁地，往爸爸的牀鋪上去搜索。

　　最近越來越大膽了，連爸爸口袋裡的錢也敢伸手去摸了，這種壞習慣，總是改不了。

　　每次遇到爸爸神經線發達的時候，忽然間想起，「唉！緞啊！最近好像有在掉錢哦！」

　　「錢不是都由你保管嗎？掉多少呢？」

姨丈來訪

「多是不多啦！只覺得我也沒花什麼錢，怎麼老覺得錢數好像不對勁呢！上個星期我明明放五、六百塊錢壓在草蓆下面，可我怎麼數，好像就少了那十塊錢的紙鈔，有失掉幾張呢！」

爸爸沒頭沒腦的算給媽媽聽，媽媽只聽得差一點笑出來，這個傢伙被兒子整了，還搞不清楚，一大把鈔票會少掉幾十塊錢，一定是湯姆這隻老鼠叨走的，還會有誰。

我們村子裡，向來不曾有犯偷竊的事件，家家戶戶門不閉戶，路不拾遺，村鄰里之間，哪一家哪一戶的小孩或成人，長得是什麼性格，什麼樣的個性，大家也都互相瞭解得很。

即使門不閉戶，外人也不敢隨便踏入人家家裡，這村與村，鄰與鄰，戶與戶，彼此緊緊相連，哪一條街，哪一條巷，哪一戶人家做什麼頭路，或有沒有正當職業，大家彼此都很瞭解彼此的底細，更何況家家戶戶均務農為業，左鄰右舍也都是親戚比較多，會做壞事的，都跑到外地去幹活了，只有少數幾個傻頭傻腦的，會留在本村或同鄰當中，做一些不良的勾當。

小孩子會偷拿父母親的錢，那也很正常，所謂家賊難防，可能就是這樣吧！

媽媽說爸爸沒頭神，常常沒頭沒腦的，把家中所有的金錢放大鍋鼎，吊掛在他的房間正上方，欲蓋彌彰，不吊掛那口鍋鼎還好，一吊掛在那兒，不要說湯姆會心動，就是有心要提防的人，受不了這種誘惑，會情不自禁地想要去掀開來看看。

媽媽最瞭解這對父子了，一個絕頂聰明，一個二愣子，傻不隆咚的，只會管死錢，也不會計算怎麼去計畫投資生財。

以前的錢有一陣子是由媽媽掌管的，那時候家裡就變得比較寬裕。

媽媽會去跟會，這裡跟一會，那裡跟一會，把風險分開來投資，每一會的會員大多數為親朋好友，而且也都是世代住在一起，大家都有田有地，屁股有幾根毛，彼此都看得很透徹，瞭解得很。

小時候，媽媽的手飾、黃金手鐲丟過一次，捉賊那一幕的影像，湯姆還很清楚。

那個人把一包黃金手鐲，還有金錢項鍊，拿著藏到稻草堆的草蓬裡，被鄰居的阿孀看到，大聲地呼喊，「那是誰啊？怎麼躲在草蓬，鬼鬼祟祟的。」

嚇得那個人躲在那兒，不知所措。

媽媽驚覺她的寶貝有遺失的可能，跑去她藏的所在查看，真的丟掉了，被偷走了，大聲呼喊，出去叫著：「阿孀！那個人是誰的子女啊？」

「阿官的女兒啦！」

姨丈來訪

「哦！原來是她哦！那我的手飾鐵定是她拿走了。」

不曉得誰去驚動警察大人，帶了一堆人來調查情況。

事有湊巧地，警察憑著他的專業，一把把她拉開來，往她身後的草蓬裡去搓一搓稻草堆，手伸進草堆裡，摸一摸，挖一挖，手伸出來時，拿著一包沈甸甸，一大包的手飾，警察先生當場打開來看。

「哇啊！裡面全是黃金項鍊，還有幾串珍珠咃！」

「現金點一點，看有沒有遺失？」

媽媽很緊張地拿過來，數一數，點點頭，把一顆上下不安的心放下來，說：「沒有短少啦！剛剛好，裡面東西沒掉。」

警察先生得意的，看一看群眾，吹著笛子叫大夥兒散開。

哇！圍觀的人還真多呢！那是古早以前的事了。

草屋掀

　　那時候大家都很窮苦，住草堂，草厝幾間簡簡陋陋的，一家子住在那兒遮風蔽雨。

　　有時夏天、秋天的颱風一吹，屋頂草團掀了，到處都是殘破不堪，人家說屋漏偏逢連夜雨。

　　湯姆想起那時候的情景，簡直比屋漏偏逢連夜雨，還要慘，慘到連個屋也沒得漏，簡直就是直接傾盆大雨

姨丈來訪

嘛！

　　一家老小，搬的搬，遮的遮，找個避難所都很難，豬牛雞鴨羊的牲畜到處吽啊！咩咩咩！嚎呼嚎！咕咯咯咯！呱呱呱呱！那鵝群最快樂了，沒日沒夜的張開翅膀，蹦蹦跳跳地，高興得大聲哦叫個不停。

　　湯姆的狗狗和他一樣，一副很無奈地抱著溼溼的棉被，躲在草蓬下躲雨。

　　等到天光，太陽從東方冉冉升起，爸媽及哥哥姊姊們忙東忙西的，張羅著。

　　這一戶被大風大雨吹得東倒西歪的草厝啊！立柱的立柱，找木頭的，找木頭，搬鐵皮板的，搬鐵皮板，東家做好了，就往西家幫忙，彼此不管親不親，只要是鄰居，都會主動互相幫忙，把彼此被風吹散的房子重新蓋起來。

　　這一點一滴的景象，有時候在湯姆幼小的心理，常常想起小時候的情況。

　　那時候，家門前沒有埋自來水管，飲用水完全靠著門前那條小溪流，從山地門的水庫流到這裡來，或是喝著深井裡的井水。

　　湯姆很懷念喝溪水的那段日子。

　　那時人與人之間，完全沒有距離，出門就看到一大票的阿嬤、伯母、大小姊妹、左鄰右舍人家的女兒拿著洗衣板，或蹲，或彎腰，或站在溪水中，拎起裙襬褲管就在洗衣服了。

溪前溪尾洗衣服的人們，搗衣的搗衣，搓揉的搓揉，又搓又洗，彼此交頭接耳地訴說，今年颱風把誰家的屋宇吹得滿天飛，衣服樑柱被吹得倒掛在芒果樹上，雞鴨鵝的，四處奔散，笑聲一陣一陣地，在搓洗衣服當中，笑開來。

湯姆和同年齡的小孩拿著畚箕，在那裡撈魚兒。

媽媽叫湯姆把水井蓋掀開來，把溪水導入水井裡。湯姆感到很得意，媽媽交代他做這份工作，讓他感覺很有成就感。

看著水流導滿井，滿出來了，滿出來了，趕快把水溝挖開土堆，讓它流到別的地方去。

爸爸很辛苦地把甘蔗葉子，一捆捆地，撿拾整齊，用泡過水的竹片條，一捆一捆地捆綁好，手腳俐落，在屋頂樑上，把甘蔗葉子鋪平，小湯姆在屋頂上跑來跑去，一批鋪下去墊底，再用竹子削成的片條，緊緊地壓著甘蔗葉子，然後快速地拿起手中，或吊掛在腰間的竹片條捆綁好。

有時候為了快速，爸爸嘴巴會先叼一根竹片條，預作準備，只要他鋪好一層甘蔗葉子，就得馬上串過去，把甘蔗葉子用竹片緊緊地，把它夾緊捆綁好，這樣一層一層重覆地，壓上一層又一層，直到甘蔗葉子的厚度，

姨丈來訪

足以擋著雨水，不滴漏下來為止。

這樣子一間草厝又完成了。

跳下屋宇，從下面看上去，爸爸眯著他那鷹勾鼻上方的鳳眼，看一下，覺得很滿意，鋪得又厚又紮實。

過一陣子，蝙蝠會成群地在這裡做窩，牠們會在黃昏時分，紛紛地飛在天空中覓食，吃飽了蚊子之後，一頭栽進厚實草厝的前廊裡，鑽進鑽出的，數量多的時候，煞是可觀。吱吱喳喳，啾啾嗷嗷地熱鬧非凡。

有時候會有幾隻小蝙蝠不小心掉到地上，一口被機伶的貓咪叼走了。

貓咪像個夜叉一樣，有時候又像個獨行俠，整夜像幽靈一樣，在房子的四周圍巡視。

夜晚貓叫聲，煞是恐怖，像嬰兒一般地嚎叫，嚎啕大哭。

夜越深，那嚎啕的叫聲越可怕。

躲在被窩裡，緊緊地抱著媽媽，躺在媽媽的懷裡，真的很溫暖，即使三更半夜，聽到可怕的貓叫聲，也不怕。

「貓咪！貓咪！媽媽！貓咪生了一窩子，在我們的衣櫥裡面。」

「奇怪！是從哪裡鑽進來的？衣櫥鎖得緊緊的呀！怎麼有辦法鑽進來生這一窩子的貓兒呢？」

「把牠們捉走。」

「不用！不用！湯姆！不用去捉牠們，貓咪的窩只要被我們動過，牠就會把小貓咪叨著移走。」

「真的嗎？」

「嗯！這種動物和牠的死對頭老鼠一樣，只要牠們的窩有人類或其他異味的侵入，貓咪或老鼠都會把牠們的小孩移走，移到一個牠們認為很安全的地方，不信你明天來看。」

「真的吔！媽媽！媽媽！貓咪把小貓咪移走了，牠們是怎麼把小貓咪移走的呢？」

「用嘴巴呀！湯姆！你沒聽人說，虎毒不食子，慈母如虎，一般也會如虎啣子，動物與動物之間的互動關係，也有著牠們畜類的慈母嚴父的關係，自然界有說不盡訴不完的神秘希奇之物，等著我的湯姆去探索哦！」

「嗯！長大之後，我要懂得很多很多有關於自然界，還有人生的大道理。」

媽媽笑呵呵的，一把抱著湯姆在懷裡。

湯姆夢境中的神秘山谷，不時會在腦海裡浮現，隱隱約約，他覺得夢境中那個地方，很清靜，幽幽鬱鬱，蒼松青翠，華陰樹掩，金光閃閃。

流水穩而隱，水平面靜謐，水底深沈沈地，隱隱地流向山谷，澗水滿岸，銀湛湛的水銀光影，投射在樹蔭間的河面上，是那般的燦爛，是那般的和諧自然。

姨丈來訪

　　那裡沒有吵雜的聲音，一切靜得如此出奇，幽靜得像深遂夜空裡的銀河一樣。

　　湯姆他可以感受到，他宛如身在宇宙的蒼穹之間，如莊子齊物論：莫壽於殤子，而彭祖為夭，天地與我並生，而萬物與我為一。

　　為什麼會有這種感觸？湯姆也覺得很奇怪。

　　這個夢境從很小很小的時候，就常常環繞著他，讓湯姆的思緒，一陣子，一陣子，像水中的漣漪一般被激起，使得他生活在白天黑夜裡，常常恍恍惚惚地，模模糊糊地，似真似假的暇想，也因此常引起他的好奇，他常常無緣無故地深陷在沈沈的思緒裡，去尋找那神秘的夢境。

　　現在回過頭來，湯姆才發現，天呀！神祕的山谷，飛天升空，離地飄浮在天空中的夢境，還沒搞清楚，使得他魂牽夢繫，午夜夢迴時，心悸猶存之時，現在又得面對思念著艾莉絲的倩影，這個惱人的煩惱，他不知怎的去解決，困擾困惑無窮無盡，長大之後，又要面對夜遺精損的消耗，真的很傷腦筋，不知道該怎麼解決這種煩惱？

初生之犢

劣根性

　　最近賭性起來了，和同伴玩酒瓶蓋、橡皮圈、尫仔標，已不太能吸引小湯姆了，那已經不太刺激了。

　　最近湯姆膽子越來越大，所謂惡向膽邊生，一次壞，次次壞的劣根性，正逐漸走向湯姆幼小的心靈，使他往那更大更可怕的方呴，去尋找著刺激，假若有一個不小心，或許會使這個小孩或青少年走向人生的歧途。

「湯姆！湯姆！你叫牌。」

「嗯！五塊大。」

「跟了。」

發牌，又是老K。

坤龍J，慶生黑桃九，瑞興又是紅桃十，湯姆又是Q。

「湯姆！這次還是你最大，一對Q，由你叫牌。」

「十塊錢。」

慶生、瑞興收手了，不跟了，剩下坤龍，坤龍牌面上是順牌，有可能是中順或小順，湯姆牌面一對Q，一張A、黑磚九，湯姆考慮著要不要全下注。

全鎖了。

坤龍算一下全部多少錢，五十塊錢，哇噻！這次輸贏可是一、兩百塊錢呢！數目還真不少。

這個小湯姆才國小五年級的年紀，就有這種膽量，敢和高中生及出社會賺錢的人玩哈梭了。

想想一、兩百塊錢，步伯可是要賣四百多塊的土豆糖，或三百多個蔴糬呢！

膽子真大，下手毫不怯色。

「押了。」

發牌。

哇！湯姆拿到最後一張是老K，不可能是葫蘆了，坤龍九十JQ，手中那張牌如果是八的話，或是老K，

姨丈來訪

就是順子。

湯姆牌面上兩張Ｑ，一張Ａ，一張老Ｋ，手中那張牌如果是Ｑ，就是三條，要不然最多也只是雙配而已。可惜得很，手中那張牌是黑磚九。

湯姆身邊沒錢了，還要叫喊，幾個大人搖搖頭。

「我看攤牌了吧！」

「不行啦！我還要再叫價，先欠著，加一百元。」

這不是在唬人嗎？萬一坤龍順牌，湯姆不就死定了。

湯姆似乎吃了秤鉈鐵了心。

坤龍故弄玄虛地，賭哈梭，就是賭膽量，還有牌中運。

手中的本錢大，膽量就足，手中沒什麼錢，賭起來總有那麼一點使不上力，除了靠一點牌運，狗屎運，發到好牌，叫個穩贏的牌面以外，想要賭輸贏，機會是很小的，只剩幾個像湯姆這種初生之犢不畏虎的後輩小生，賭局生手之外，沒幾個能在賭局得到好下場的。

湯姆這個暑假學壞的速度很快。

自從去雲林阿茂叔家回來之後，就蛻變成一個賭徒了，真可怕！

爸爸牀蓆底下壓著幾百塊，湯姆已經拿去花費，有些拿來賭博了。

　　人家說學壞十里快，學好舉步難行，湯姆自己也有意識到這點，覺得賭博玩金錢遊戲真危險，這種賭錢的玩意兒，和童玩的同伴玩紙牌尫仔標不一樣，這些小小的遊戲，頂多輸贏幾角幾塊錢而已，而且也不會使人上癮，但是和大孩子或成年人，大人玩這種有殺傷力的賭錢戲碼，那可不是開玩笑的。

　　平常爸媽捨不得買個豬肉魚肉來吃，這些錢如果放在賭桌上，全不是那麼一回事兒，錢像紙張一樣，一把一把地往賭性堅強的性子裡去揮灑，真賭上癮了，爹娘是顧不了。

　　有些人賭到沒日沒夜的，妻子兒女全不當一回事，賭到傾家蕩產，仍然深陷其中，不可自拔。

　　湯姆想到這些，內心裡倒抽一口冷氣，被自己這種愚蠢的行為嚇一跳，怎麼會這樣？這不像湯姆啊！湯姆不是壞小孩，湯姆不能當個壞小孩，萬一被艾莉絲知道湯姆會賭博，變成人們口中的賭棍，那還得了，那他想念的艾莉絲或是媽媽，知道湯姆已經變成會賭錢的賭鬼了，一定很傷心。

　　媽媽傷心，艾莉絲一定會瞧不起他的。想到這裡，湯姆害怕得不敢再去想像了。

　　一個國小五年級的小學生，竟然敢和大人玩賭錢的把戲，這種賭博的遊戲規則真可怕，會使人越陷越深，賭輸了想撈回，賭贏了，心中永遠無法滿足，那種貪婪

姨丈來訪

得像一頭野獸一般的嘴臉，會把人性最純樸最單純善良的一面，被侵蝕掉。

湯姆年紀雖小小的，但在他小小的心靈深處，似乎有一個善良良心、良能、良知，在呼喚著他，在他的內心深處，叫醒他不要繼續執迷不悟，迷失在這個人生的歧途裡，那會使人萬劫不復的，永不得翻身。

多少人因賭而身敗名裂，多少人因賭而家破人亡，多少個人因賭而妻離子散。

因為賭博敗光家產，因為賭博使父母蒙羞。

湯姆從小就聽大人講過很多，因為賭博走絕路的真實故事。

住在鄉下，農人無聊的時候，最容易打發時間的，便是賭博。

農事忙完了，夜裡沒什麼娛樂，又沒有讀書的風氣和習慣，有好環境的話，大人、小孩人手一本書，那世界多美妙啊！可惜人們在缺少正常的休閒娛樂的情況下，聚集一堆人玩牌或賭博，就變成鄉下人唯一可供消遣的遊戲了，而這種遊戲的殺傷力是可怕的，它像吸毒一樣，會使人上癮的，而且一旦染上了，要改是很困難的。

湯姆有警覺到從那次拿Q一對，把全部的錢投注下去，還不死心地唬人家，最後還是人家順牌一把，把湯姆的金錢全部贏光光，那虛張作勢，要加一百塊錢的賭注，坤龍不跟他計較，不想跟湯姆要了。

湯姆走回家，想到這裡，嚇得全身皮皮銼，這一下子可好了，又把爸爸的一百塊錢抽出來花用，才短短一、兩天而已，就把錢拿去賭光光了，要是被爸爸察覺到，那一定很慘很慘，會被打得跪地求饒，爸爸搞不好還不肯放手呢！

想到爸爸那鐵青鐵青的臉色，湯姆就更嚇得全身起哆嗦了。

不過想歸想，畢竟現在已經把錢輸光光了，偏偏又遇到黃昏時刻，兩手插在口袋裡，摸著摸著，褲袋空空如也，身上忽然間沒有了錢，湯姆的內心有種失落感，覺得沒有錢，就沒有安全感，空虛空虛的，更糟糕的是內心的自我譴責，越來越強烈，那種強烈的罪惡感籠罩著湯姆的身心，使他深感疲憊又懊悔。

為什麼要犯下這樣的錯誤呢？

為什麼會一次又一次地偷拿爸爸的錢？他自己也想不透。

媽媽最敏感了，看湯姆一副無精打采的樣子，媽媽就知道湯姆身上的錢又花完了。

媽媽說，湯姆只要沒錢，就不會作怪，但身上又有了錢子兒，精神卻又來了，百倍的活潑，百倍的精神，天天興奮得像中獎一樣。

姨丈來訪

「湯姆！你就沒有儲蓄的習慣嗎？媽媽削幾個竹筒，讓你天天把零用錢存滿之後，冬天學校募款，冬令救濟的時候，你就可以捐款給學校，去救濟那些貧苦的人家。」

「喔！謝謝媽媽！可是這一次我又把爸爸的錢拿去花掉了。」

「我看得出來呀！看你氣色青黃青黃的，一副無精打采的樣子，媽媽不用頭腦想，用腳底想，也知道你身上又沒錢作怪了。你身上要是沒錢的話，就會整天死氣沈沈，好像要死掉似的，只要一有錢，又開始生龍活虎起來了，好像活神仙一樣，又要到處跑，跑得不見人影。」

「媽媽怎麼那麼瞭解我？」

「這就是母子連心啊！」

「那您對哥哥姊姊會不會有這種感覺？」

「當然有啊！你看媽媽的手掌攤開來，手心手背都是肉做的，手指有長短，兄弟姊妹同樣是媽媽生的，但人有賢愚之分，有駑鈍的，有聰明的，有機伶的，也有狡猾的，有慈悲的，也有惡性難改的。同樣是父母生的，但各人的命運造化均不同，各有各的命，唯有心存善念，不做壞事，做人才會活得健康平安。

爸爸媽媽不要求你們兄弟姊妹成功發大財，只企求你們能夠平平安安，老老實實的過日子，身體健健康康無病痛，就阿彌陀佛了。

媽媽之前生養孩子，一個個死掉，你大哥如果有活著的話，現在已經二十四歲了，那是最大的，還有一位二哥、兩位姊姊都沒福氣活下來，所以湯姆要珍惜現在健康的身體，知道嗎？

你小學三年級的時候出麻疹，差一點就死掉，那時候媽媽有多擔心，你怎麼能夠體會啊？」

湯姆聽得一頭霧水，不過聽到媽媽說，前面有那麼多位哥哥姊姊都夭折了，倒是很震撼！難怪媽媽生湯姆的時候，已經那麼老了。

以前小時候，媽媽常常送湯姆到天主堂的幼稚園上課，那時候同學的媽媽來接小朋友，那些幼稚園的小朋友都會說：「萬順！萬順！你阿嬤來接你了。」

湯姆會很生氣地告訴這些幼稚園的同學，「那是我媽媽，不是我阿嬤。」

他們常常用很疑惑的眼神，看著媽媽，然後跑回他們父母的身邊，看看媽媽，然後再看看他們的父母，覺得很奇怪，怎麼萬順的媽媽那麼老，就像他們的阿嬤一樣，害湯姆在小時候常跟這些幼稚園的同學吵架。

為了媽媽和阿嬤的問題，湯姆在他那時候幼小的心裡，埋下很大的疑問，不知道要去問誰？

湯姆也曾幻想著他的媽媽，長得像高雄的春霞、春蕊、春嬌表姊，還有春菊、春花、春蘭表姊，那時候她

姨丈來訪

們有幾位已經結婚了。

　　小時候看到她們來家裡做客，感覺都市人和鄉下人怎麼差那麼多，她們讓湯姆看起來永遠是光鮮亮麗的，衣服穿得乾乾淨淨的，皮膚細白幼嫩，臉上永遠堆滿了親切可愛的笑容，看起來很漂亮又有氣質。

　　湯姆看著媽媽，想起姊姊們，媽媽和姊姊看起來好像土氣土氣的，俗俗的，好像穿著花邊格子的短裙村姑，遇到穿著華麗服裝的公主一般，兩相比對，真是很鮮明。

　　表姊們來的時候，談話舉止落落大方，又有自信，常常看到她們神采飛揚，談笑風生，對來湯姆他們家，看到的是住草厝啊，也不會表現出一副很鄙視的樣子，反而讓湯姆有點感到，她們對湯姆他們家，是一種疼惜，一種很親切又溫暖的關懷，是有點自家人那種親情的流露。

　　那時候在湯姆心目中就已經感受到，這世間除了媽媽的慈愛以外，還有都市裡也有表姊她們那樣的人，可以帶給人家溫暖、安慰，人與人之間也可以有那麼好的感覺。

　　湯姆那時候也想像他長大之後，也要帶給人家有這種感覺，只是方法沒有辦法像表姊她們那樣而已，至少可以像爸爸媽媽、清子婆婆、四叔、叔公、二叔、姑、表、堂兄弟姊妹們，他們雖然看起來土土俗俗的，沒什麼學問，但至少說話不會讓人家聽起來言語無味，面目可憎。

他們雖然是農夫村婦，體態沒有很端莊淑雅，品貌文質彬彬，舉止大方，器宇軒昂，講起話來，可能嗓門大一點，那也是在鄉下空曠的地方，人們彼此打招呼，需要大聲呼喊的習慣，但那也無妨礙他們天生純樸善良的一面。

只要你有機會和這些田莊大哥、大嬸、大叔們，生活在一起一段時間，你會愛上他們的，你會在他們身上看到那農人，腼腆腼腆的，含蓄憨厚樸實的性格，是多麼可愛，那多使人想接近他們。

從他們簡單的言語對話當中，你不會感受到一絲絲的虛情造作，他們不會賣弄機巧詐騙，他們喜歡單純無諍，不用巧舌利嘴的機珠個不停。

愚有愚的好處，憨自有憨的道理，正所謂天公疼憨人。

水枝叔

　　阿富的姊夫看起來二愣子，二愣子的，和人講話，常常嘴巴張得大大的，聲音發出來還有點哼哼哦哦的，講話也是慢吞吞的，上一句話也連不上下一句話，走起路來，有點晃東晃西的，看他那粗壯的身體，像個武士壯夫一般。

　　但是村子裡的人，每當農務繁忙時，水稻田裡的水稻需要翻耕農作，都會請他來幫忙。

他可以天未亮，在深夜裡，靠著星光月兒的光線，在那夜深寒冷的水田裡勞作，趕著牛犁田，犁著水稻田，那種不畏風寒的神情，看了會使人動容。

湯姆一大早起來，和爸爸一起到番石榴園摘那拔仔，看到水枝叔在那兒犁田，會叫一聲：「水枝叔早！」

他會傻傻地笑一笑，然後忙著趕他手中的犁頭，急急顧著牛隻拉犁的方向喊一聲：「噢！」抖一抖繩子，讓牛走上正確的水道田。

有時候，牛隻在水田裡，拉著犁頭，犁頭下面的土堆太輕的話，會走得比較快，他幾乎快被牛拖著跑了，差一點跌倒在地，趕快轉身調整身子，平衡一下身體，隨後拉繩子，扶好犁頭，又正確地回復原來趕牛犁田正常的步伐了。

這一幕幕辛苦的動作，看在小湯姆的眼睛裡，都能夠使他很感動。

農夫真的很辛苦，從早忙到晚，忙到不止日出而作，日落而息，那是寫文章的人，寫得好像很詩情畫意，把田務的勞作寫成田園風光，好像一副與世無爭，無憂無慮的樣子。

這些在書本上的教育知識，對湯姆來說，有點虛無，不真實，和實際的生活差別太大了，大到看到這些書，就不想去閱讀，覺得學校根本無法滿足湯姆的好奇

姨丈來訪

心。

有一次，湯姆問老師，「課本上畫的那些瘦巴巴的老百姓拖著犁頭，被鞭打著，他們拖得動犁頭嗎？」

老師張口結舌，瞪著湯姆，反問湯姆：「你犁得動嗎？」

湯姆很天真的回答：「打死，我也犁不動。」

同學笑。

老師不知道怎麼接下去回答？

湯姆對農務比較有經驗，頭頭是道的說：「我們家的水田，用一頭強壯得可以拉垮教室的柱子，讓它倒塌掉下來的牛，但不認為用百、十個人，一起拖動犁頭去犁開田地，那是騙人的，學校的課本教我們這些不實際的知識，我覺得好可笑哦！」

難怪老師上課，湯姆都想打瞌睡。

「老師！老師！您能不能教我們比較像阿富的姊夫，憨憨的犁田的那種知識呢？」

同學笑！

老師拿起棍子，啪啪啪啪打桌子，同學嚇一跳，大家縮著頭，有些縮著身子，不敢講話。

老師問湯姆：「阿富的姊夫是怎樣的知識？」

湯姆說：「像他傻人有傻福，憨憨的工作，可以娶到阿富他姊姊啊！他姊姊很漂亮又賢淑呢！」

同學又笑。

「哦！那老師該如何講他的故事呀？湯姆！」

「老師！老師！他姊夫原來村子裡的都不太看好他，以為他一定娶不到老婆的，很多人都不相信，最後竟然跟阿富的姊姊結婚，而且又生了三位聰明漂亮的女兒，那三位女兒在我們學校，常常上台領獎呢！不是功課第一名，就是演講、寫生比賽第一名，連他們的舅舅阿富同學都自嘆弗如呢！」

阿富不好意思，把頭壓得低低的，不敢看著眾人，但又有點得意的樣子，偷偷的抬頭看著老師，還有湯姆。

其他同學則轉頭過去看阿富。

湯姆又想說，老師有一點不舒服，想制止，但又忍不住地問湯姆：「這和上課又有什麼關係呢？」

「老師！老師！我們住在鄉下，對鄉下的人事物，瞭解的比較多，不管山川自然，田野獸畜，農作物禾苗蔬果的情形，只要是住在鄉下的孩子，無一不是天天和這些環境，有著密不可分的關係，我們要懂得像阿富的姊夫，那種苦幹實幹的奮鬥史，那種透早天未亮，就扛著犁，牽著牛，下田去工作的情形。

老師！您知道秋耕的水田有多少的冷熱變化嗎？冬天的寒流來時，站在冰冷的稻田裡工作，赤著腳，穿著單薄的幾件衣服，在那寒風中收割種稻，彎腰駝背，揮汗如雨，汗水浸溼了，身子又熱又冷那種感覺，我們

姨丈來訪

同學要能懂的話，老師出考試題，我相信我可以馬上作答，每一張考試題目一定都可以考一百分，而不會像這些課本上所教的，之乎也者，風兮，巧兮，『風蕭蕭兮易水寒，壯士一去兮不復返。』聽老師講一些離我們很遙遠，很遙遠的那些歷史人物的故事。

長江、黃河、長白山上，我們想像不到，倒不如教我們三地門的大武山，高屏溪河流的流向。」

高屏溪全長一七一公里多，是台灣第二長的河流。它的流域面積三二五六點八五平方公里那麼廣，屬全台灣第一位。

原名「下淡水溪」，後改名高屏溪，它的上游荖濃溪發源於中央山脈玉山附近，往西南流，和濁口溪交會，經六龜、竹子門流出山谷，溪流分岐，至里港先後和旗山溪、武落溪和隘寮溪眾多支流匯合，在嶺口佛光山下處折向南方，在高雄縣林園入海。

高屏溪水力資源開發利用的有，高雄縣的澄清湖水庫及曹公圳，溪流底層伏流水豐沛，可再開發利用，溪床則可發展馬場或馬術觀光用途。還有高屏流域包括南橫公路的桃源、荖濃、六龜等地，也是知名的觀光區，像六龜附近的扇平風景區和十八羅漢山（火炎山地形），景觀最特殊，值得去走一遭。

「我們酷暑，在大熱天裡，大夥兒爭相往大圳跳下去游泳的經驗，女同學在家裡玩家家酒，扮新娘，玩跳繩，跳房子，背洋娃娃，假扮做媽媽，這些我們倒比較熟悉。」

同學又笑了，老師有點想笑，又有點不知道怎麼應付湯姆，拿著棍子，做勢又要打她身邊看得到的桌子了，然後翻一翻課本，叫一位同學，站起來念課本。

湯姆聽著聽著，聽到最後眼皮像吊鐘一樣，沈下來，頭腦昏沈昏沈的，又想打瞌睡了。

叮噹！叮噹！下課了。

哇！下課了。

「起立！敬禮！謝謝老師！」

同學一窩蜂往操場上跑，吱吱喳喳！咿咿呀呀！喧鬧得不亦樂乎。

大頭進

　　湯姆每天來學校上課，最快樂的事兒，就是和這些同學玩在一起。

　　這裡每一位同學他瞭若指掌，同學們的家庭或家裡成員，每一位同學的哥哥姊姊、弟弟妹妹、爸爸媽媽，就連阿公阿嬤、阿祖、祖公，他都有辦法知道他們的個性，還有脾氣、性格。

　　他每一個年齡層的朋友，他都有。有大叔叔、大哥哥、高中生、國中生，出社會賺錢的人。

　　這些人有的沒有讀書，就到外地去工作賺錢了，雖然湯姆不知道他們到外地是做什麼工作，做什麼事，但他瞭解這些人過一段時間，會回來，就會把在外地工作賺錢的經驗，回來說給湯姆他們這些小朋友聽。

　　湯姆對繁華村以外的事，充滿了好奇。

　　他希望趕快長大到外地去工作，到外地去瞭解其他的世界，他對這裡的人，他太瞭解了。這裡的每一個人生活多麼的勞苦，那麼的純樸憨厚。

　　雖然有些莽夫愚婦，語言無知，口吐不出文章，但也無損於他對家鄉的愛戀，這裡就像湯姆的小世界一樣，他可以看到村子裡，每個家庭每天都有不同的生活變化。

　　大頭進的媽媽也生了許多的女兒，最後一個才生了大頭進，他媽媽捨不得讓這位寶貝兒子下田做粗活，使得大頭進被驕寵得有點任性，和同年齡的小孩子一起玩玻璃珠子或橡皮圈，如果輸光了，他媽媽可能會比他還要擔心呢！他五個姊姊，前面三位結婚，有兩位嫁外省老芋兵，大姊嫁的老芋和他爸爸差不多年紀。

　　湯姆在大頭進他們家和大夥兒一起玩橡皮圈的時候，一堆小孩子會在他們家的走廊上，蹲著蹲著，趴著趴著，輪流把橡皮圈用手掌拍著地面，會有一股風吹起

姨丈來訪

橡皮圈，看誰把上面的橡皮圈拍起一條，吹落地面上，壓著另一條的橡皮圈。

如果上面那一條壓到下面的一條就贏了，如果是拍落兩條壓到一條，就出局死了，或是拍落一條，壓到兩條以上都不行，只能拍落一條，壓著一條，才算贏。

湯姆他們一群的童伴就在走廊上玩，大頭進的爸爸和他大姊夫老芋兵就坐在那兒聊天。

他爸爸會指著大埕廣場上，在曬的紅豆、花豆、綠豆、花生，然後說這些曬乾了，今年過年拿來做紅龜粿的餡。

他姊夫用國語說，他兒子老是愛亂跑，不過這小兔崽子倒是滿喜歡回來外婆家的呢！

他姊夫講話都會捲舌，他們兩位坐在一起各說各的話，講的話題簡直是風馬牛不相及，他講他的台語，他說他的國語，兩個同年齡的老丈人、女婿，這樣子竟然也可以溝通無礙的聊了半天。

有時候他們在講話的時候，被湯姆他們這一群小孩子聽到，他爸爸在叫小孩子過來，「阿公拿餅乾給你吃。」

他姊夫以為在罵他的兒子，很緊張的叫：「小兔崽子，不要跑！不要跑！」

大頭進的兩位姊姊不識字，也不會說國語，她們是怎麼溝通的，湯姆他們這些小孩覺得很好奇，問大頭進，「你大姊、二姊嫁給老芋兵，看起來比較好命哦！被你姊夫養得白白胖胖的，不像你媽媽和你那三位姊姊，種田曬得黑不溜丟，像住在山上的人一樣。」

大夥兒笑。

他姊夫莫名其妙的，也跟著傻笑，翹著二郎腿，坐在板凳上，和他爸爸你一句，我一句，談個不停，彼此講的話，沒有一句可以搭上邊的，這樣也能成為一家人。更好玩的是，他們從來也不會吵架，即使吵架，可能彼此也不知道什麼意思吧！

大武山景

屏東的小湯姆六

姨丈來訪

屏東的小湯姆六

姨丈來訪

姨丈來訪

屏東的小湯姆六

姨丈來訪

姨丈來訪

姨丈來訪

屏東的小湯姆六

姨丈來訪

屏東的小湯姆六

姨丈來訪

姨丈來訪

姨丈來訪

姨丈來訪

姨丈來訪

博毓學園出版

五穀豐登莊稼居，
穀倉滿溢木高長，禾苗映田人幸福。
護生復蔬博毓園，
森林綠地自腐朽，生態堆肥循環生。

博毓學園網址：http://tomu18.webnode.tw
吳明博共生農業：http://coco00.webnode.tw
E-mail：869548@gmail.com

吳睿保（吳明博‧穀禾田‧穀莊稼‧穀恬憫）

穀莊稼共生農業森林農園：20140129.blogspot.com

穀禾田屏東的小湯姆：20140214.blogspot.com

穀恬憫歡喜法音流：20140402.blogspot.com

少年兒童讀本－屏東的小湯姆系列七本

①過冬青蛙②水瀑布牆③迎神賽會④米仔麩糕⑤叛逆初期⑥姨丈來訪⑦檳榔說客（電子書、紙本書皆有）

醒世幽默小說－法拍屋風暴系列

①法拍屋風暴②投資客的賺錢術（電子書、紙本書皆有）（尚未出版）③④法拍屋 100 案例上下⑤法拍屋，從二十萬賺進二千萬⑥法拍屋投資客也會套牢

三個十年救地球－共生農業系列

①共生農業森林耕種免費圖文書 1～6 冊（出版電子書）②共生農業開講 1～4 冊（出版電子書、紙本書）③居家生態小農園（出版紙本書）

人生哲學－歡喜法音流系列

①生命的體悟（出版電子書）②生死關頭（部落格連載）

以上書系將陸續完成，另有新書系創作中，敬請期待！

將不定期舉辦法拍屋、共生農業講座；並固定每月第 1 週週一開放居家生態小農園參觀，請事先預約，歡迎支持共生農業，謝謝！

羅慧茹（和毓・喜鵲）

花茲集：245784.blogspot.com

親子創意書房－國語文教學設計系列

①作文教學②兒童劇教學③讀經教學④書法教學⑤演說教學⑥採編教學

小說創作－

①空白

生命故事書－花茲集系列

①夢裡浮沈②生病也可以幸福③夢中呼喚④幸福之路

以上書系的電子書於谷歌、飽讀電子書店，紙本書於亞馬遜網路書店販售，並持續創作中！

姨丈來訪
屏東的小湯姆六

作　　　者／穀禾田
編　　　輯／羅慧茹
出　　版　者／博毓學園吳睿保
高雄市大樹區興田里興田路 50 號
網址：http://tomu18.webnode.tw
電子信箱：869548@gmail.com
2015 年 5 月　初版
ISBN：978-986-91790-7-2

9 789869 179072